# 對民族文化的101個問題

▶謝怡慧◎編著

好讀出版

作者序

只能說大開眼界！大呼過癮！

古人說：「讀萬卷書，行萬里路。」寫民族文化時就有這種感覺，不斷地翻閱資料，許多奇風異俗讓人咋舌，也有許多文化風俗讓人驚艷。

最愉快的莫過於發現了些有意思的風俗資料，看到有趣的人文照片，即使暫時難以親身體驗，也希望能介紹給讀者！

一○一個問題，世界那麼大，怎麼可能沒有一○一個問題呢！可是在看書之前，你能否先想一○一個問題出來問自己呢？

不容易喔，找問題本身已經是一項挑戰！因為民族文化與人息息相關，可是人們往往因為身處在文化當中，久而不聞其香，認為一切理所當然而忘了問：為什麼會這樣？——

為什麼矮黑人要把牙齒磨尖？

為什麼泰國人拜四面佛？

為什麼韓國人吃飯不能捧起飯碗？

為什麼非洲人愛吃昆蟲？

為什麼感恩節要吃火雞？……

世界上有數不清的驚奇事物等待我們去發掘，去找出答案！

　　風俗與文化應是一種講究體驗的內涵，就像我們會去買旅遊的書籍，一頁頁的風景照片很精采，說明很豐富，可總是少了點真實的感覺，因為再怎麼動人，終究只是圖片。然而世界那麼廣，怎麼可能一一到達呢？世界那麼大，怎麼可能萬事通呢？

　　不如就先看看書吧！──

　　許多問題與答案，在細細觀察其他民族的事物後，才赫然驚訝我們都太自我！太過度活在自己的世界！當你發現世界盡頭可以無盡延伸，還有什麼好斤斤計較、煩惱不已的事呢？

　　希望本書介紹的文化風俗，也能讓讀者從不同的角度來重新檢驗我們所處的文化。

　　讀完書，你可能會發現：

　　原來，我們很幸福。

　　原來，我們還必須繼續學習！

　　原來，所有事物的存在原因，並不只是理所當然而已。

──作者 謝怡慧

# 目次

Contents

# Contents

## 目次

# 1 為何愛琴海的建築物都是美麗清爽的藍白色？

中國人喜歡黃色，自古黃色就是天子專屬的顏色；但是希臘人酷愛藍白色，希臘的建築亦多以藍色及白色為主。

希臘是歐洲文明發展的古城，三千多年的歷史下，文物古蹟布滿城市，美不勝收。愛琴海中則分布著三千多座大大小小的希臘島嶼。其中「基卡拉澤斯」群島是希臘最重要的觀光島群，這裡含括近四十座的主要島嶼，以環狀分布於愛琴海上，而一般人最為熟悉的，便是最南邊的「天堂夢鄉」聖托里尼島。

乘著渡船，還未踏上聖托里尼島，就可驚喜遠眺風景照片中常見的希臘愛琴海風光、層層疊疊的白色房子、彎彎曲曲的小徑、圓頂教堂、漆著亮藍色的門窗，還有輕飄飄的白雲與蔚藍光明的藍天，聖托里尼島就像閃著白光的藍寶石，不停閃爍誘人的光芒，吸引無數旅行者前來。

它的美麗來自於和諧的雅致，在許多國家的建築中，極少有像希臘愛琴海群島那樣明朗一致的建築方式，這到底是怎麼形成的呢？當然，世界各地的建築特色，大致上都與當地的生活模式、地形環境、歷史人文、建築技術等各方面息息相關。

這些島嶼原是火山地形，盛產白堊土與石灰岩。早期當地人因為愛琴海邊的日照強烈，便取這些材料將房屋塗成白色的外觀。白色除了視覺上的清爽，還可反射日照，使室內溫度在日照下相對降低，功用不少。由於海天的藍色與白色建築的相互輝映

之下，顯得更加賞心悅目，使得後來建築物都延續著白色外觀的習俗。為了保存此項特色，連希臘政府都規定此區的建築物外觀必須維持純潔白色，年年以白堊土或石灰粉刷房子。

這裡的建築創意十足，每個角落都布置得美不勝收，看起來像是源生於同一個整體，但仔細觀察又會發現每一棟都不一樣。當地的房子都不超過兩層樓，但為何看起來高低層疊呢？原來是這些房子依著火山的懸崖峭壁而建，才形成高低不一、錯落有致的特色。

藍與白的小島上，充滿浪漫風情與藝術氣息，就像一艘艘悠游徜徉在海上的船隻，載著無數旅人，搖啊搖啊，搖進神話歷史的故事，搖進慵懶的藍天白雲裡。

**藍白色的希臘國旗**
希臘國旗也以藍白色作為主角，旗上有五條藍色橫條和四條白色橫條相間，水平排列，左上方有藍底的白十字；據悉，原來藍色象徵湛藍海洋，白色象徵自由的天空，而十字是表達基督教的信仰，藍與白的九條條紋則是取自希臘語「不自由，毋寧死」的九個音節。

## 2　日本人為何喜歡使用榻榻米？

　　相信很多人都認同榻榻米是日本的和風形象之一，它有如專為日本的古式建築而生。榻榻米其實就是一種用草製成的墊子，底層用稻草編成，上面再鋪上用燈芯草或藺草編織成的席面。講究的榻榻米，必須要求材料無毒、無農藥殘留，製作精緻有質感。

　　日本古式建築多是木造，在木造的環境當中，光使用木頭地板會顯得堅硬過滑，易磨損木頭，而且躺在上面休息時一不小心碰撞到地板也很吵雜。榻榻米鋪在木板上就像是鋪上地毯的效果，踩在上面不滑，冬暖夏涼，也柔軟許多。

　　日本人睡覺前會把棉被鋪到榻榻米上，睡醒後再把棉被收進櫥櫃，且習慣上不穿鞋在榻榻米上。

　　榻榻米約出現在一一○○年左右，最初是日本貴族席地而坐時用的圓形小墊子。後來，一些戲院和神社將大型榻榻米鋪設在地板上。直至十九世紀，榻榻米才普遍出現在百姓家中，融入人們的日常生活。

　　在榻榻米上一般採「跨鶴坐」，就是俗稱的「跪坐」，先跪下來再坐下之意。兩膝跪下後，兩腳大拇指上下交疊，然後將臀部坐放在兩腳跟上。這種坐姿對不曾坐過的人而言，會覺得腳部血液不循環，許多日本人也大嘆吃不消。

　　據說，這種跪坐方式始於室町時代（一三三六～一五七三年）

末期。在此之前，日本男人盤坐，女人立單膝半跪坐，像現在韓
國人的坐姿。後來因為茶道的影響，盤坐會碰到鄰人膝蓋，而且
不方便操作，所以逐漸改為跪坐方式。另一種說法則是，室町末
期的女人和服下擺變成直筒式，無法保持豎立單膝的坐法，才改
為跪坐。

　　造訪日本人家被請入和室時，一般得在房外先跪坐著，雙手
平貼在膝下，一邊打招呼一邊行九十度鞠躬禮；進房後跪坐到坐
墊前，並得行個禮，說聲「失禮」。如果親朋好友不講究這麼多，

在進房與退房前，也得行個微禮。日本人禁忌把腳踏在門檻上，即使在自己家也是一樣，在經過和室門檻時腳要跨過去。

日本人也將榻榻米規格化──稱為「疊」，長度約是一九○公分，寬度約九十五公分。在日本若說一間房間有五疊半或是客廳有八疊大，連小孩都可以認知約有多大，這是日本特有的尺度。

現在，許多日本家庭逐漸使用西式建築；即便如此，也多有在屋內設置一間和室，或在家庭祭壇前擺上一塊榻榻米。隨著時代改變，人們有越來越多種家居材料可以搭配，所以榻榻米也逐漸不那麼與人們的生活緊扣，但它仍是許多日本人偏愛的地板材料，儘管大家都不喜愛腿會痠痛的「跪坐」。

**榻榻米的保養與妙用**

一張品質優良的榻榻米約重三十公斤，需經常吸塵、清掃、透氣。尤其是夏天，在通氣不暢的房間，榻榻米不僅容易發霉變形，還會長蟲、長蝨子。此外，每隔五年還要翻面保養。採用天然材料的榻榻米是一種環保的居家設計，用生長快的藺草或燈芯草，加以曬乾處理後製成，具有吸除屋內二氧化碳、淨化空氣的作用。且在夏天可吸收溼氣，冬天可以保暖，調節機能高，視覺效果也很舒適。

# 3 游牧民族如何生活在草原裡？

　　居住在水泥屋的我們，真的很難想像：在草原流浪的游牧民族到底睡哪兒呢？——答案是帳棚，但不是我們露營用的帳棚，而是更大、更耐用的「蒙古包」。

　　蒙古包是草原游牧民族文化特徵，主要分布在中國大陸西邊的青藏高原與蒙古高原一帶。由於地處內陸，氣候乾燥，動物隨水草遷移，人們也跟著逐水草而居。而蒙古包易建也易拆卸，屋子跟著主人移動是一項絕佳的設計，過去以牲畜搬運家當，現在則有大貨車可供選擇。其特性是冬暖夏涼，移動方便，所以一般冬季為避風雪，蒙古包多搭建在向陽背坡處；為了更涼爽，夏季則搭建在開闊通風處。

　　蒙古包直徑約五公尺，面積約七十平方公尺，主要以木柱支撐起來，圍牆處木條交叉綁住，帳頂則呈放射狀傘狀骨架，木條間以皮繩綁緊，帳棚多使用犛牛的毛織成，外面覆蓋羊毛氈。帳頂有約直徑一公尺的天窗，圍牆面和屋頂呈圓形，結構穩定。這種大帳棚式的住房，在整個中國內蒙、新疆、西藏等游牧地區廣泛使用，稱為「蒙古包」。

　　一般印象中，蒙古包都是白色的，除了白色聖潔，白色也具備野地生存的功能實用性：第一，白色顯眼，牧人在黑夜或是白天都可以很快發現蒙古包的位置；第二，白天日光透過白色的帳幕還是有光線，不會覺得灰暗；第三，可以很快發現入侵或接近

的外物，不管是昆蟲、還是動物；第四，白色有助於棚內溫度穩
定。因為以上諸多功能，所以蒙古包使用白色。無庸置疑，這是
大地野外中代表安全的顏色。

　　牧民在組合蒙古包時，兩、三個人只須花一個小時不到的時
間就可以完成，而蒙古包裡結合了客廳、臥室與廚房，一個蒙古
包可以住七、八個人，有時候天候不佳，牧民也讓動物進入帳
內。來自西伯利亞或蒙古高原的冷高壓威力不輸颱風，因此蒙古
包的門都朝南邊開，如此強風不會直接灌入，日光也容易曬進。

蒙古包的外部大同小異，內部的基本布置也有一定規矩：

例如門開向南邊，進入蒙古包後對面是主人的床，右手邊擺女孩的床，左手邊放男孩的床。在主人的床前，平行擺放一張長方形矮木桌，桌前會放木製矮方凳，而中間便是放置爐灶，一個家的中心便是供給食物及溫暖的廚房。

依照自古以來的習俗禮節，客人進入蒙古包後須左轉沿著男孩子的床邊，以順時針方向走到桌前，面對門口坐，坐在桌子靠男孩床的那邊，靠女孩床那邊是主人的位置。而且客人離開時也須按順時針方向走出蒙古包，也就是走往靠女生床那邊出門去。蒙古包還有很多傳統禁忌，例如牧民進入家門時習慣以右腳踩入，火爐中的火一定要自然熄滅，不能人為撲滅，否則家門不旺等等。

目前，蒙古還有約半數家庭生活在牧區，他們均居住在蒙古包內。在城市裡，也有不少家庭依然居住在蒙古包中。即使可以造屋，蒙古包還是蒙古人的最愛，因為它不僅是傳統，也是與大地同在的生活象徵。

**穹廬之蓋**

蒙古包在古代稱為「穹廬」，因其圓圓的屋頂看似天體。大部分蒙古包外觀多使用白色的羊毛皮，感覺像天空中的白雲；天窗則是太陽的象徵，而帳棚的周圍為圓形是模仿月亮的圓形，這就是游牧民族以天為蓋的家。

## 4 最駭人聽聞的建築材料在哪裡？

　　捷克位於中歐，布拉格是捷克的首都。布拉格街道上所見的建築大多有數百年以上的歷史，市區到處混有羅馬式、哥德式、文藝復興風格，還有巴洛克式建築，是歐洲美麗城市的代表，有「建築博物館」的美稱。布拉格在一九九二年被聯合國列入世界遺產城。在這個美麗的古老城市裡，有著像童話故事中的古堡、雕像、廣場，讓遊人感覺彷若誤闖了中古世紀。

　　捷克就是這麼一個到處充滿美麗建築的國度。在布拉格東南方約一個小時車程的庫那何拉市，是捷克十一處被聯合國認定為人類文化遺產中的其中一處，在市區郊外有一座讓人驚悚又肅然起敬的古老建築，它是在五百年前建造的教堂。

　　神聖又美輪美奐的教堂為什麼會讓人感覺驚悚呢？原來這是座「人骨教堂」，教堂裡全是用人骨建築並裝飾而成，裡面有人骨神壇、人骨吊燈、十字架、聖杯、門窗、壁飾、家族的徽章等等，估計使用了四萬多具的人骨！

　　這麼多的人骨是從哪來呢？

　　這必須從十三世紀談起，當時統治此地的波西米亞國王奧克塔文二世，命令修道院院長亨利，前往宗教聖地耶路撒冷取經。亨利回來後帶回一把耶路撒冷的泥土，就撒在教堂周圍的墓地裡，以慰亡者在天之靈。因這把聖土之故，當地人將這基園視作聖地，期望死後葬在此地，使得這裡遠近馳名。

十四世紀中，可怕的黑死病在捷克蔓延，一時哀鴻遍野，死了數千人，接著又戰亂連連，整個教堂周圍的墓地埋了三萬多具骨骸。一五一一年時，擁有此地的貴族史瓦日堡家族，想讓這個曾經熱鬧的城鎮能夠脫離「死亡」的陰影，因此委託一位半瞎的修道僧侶主持，特請雕刻家瑞特設計，將此地墓園挖掘出來的四萬具枯骨建造成教堂。數以萬計的骨骸經消毒處理之後，被鑲嵌裝飾在教堂的每個角落，一切的裝飾設計皆以人身上大大小小的骨頭為材料，製工十分細緻。這座人骨教堂曾在十八世紀時翻修過，才有今天開放給民眾參觀的樣子。

在這些骨骸中，可以發現絕大部分都是成年男子的骨頭，而且骨頭上多有被刀劍砍過的痕跡，顯然這些枯骨都來自於戰爭。

不知道成千上萬的枯骨會帶給你什麼想法及感受？或許骨頭不僅僅是支撐起身體的支架，也是上天留給世人的禮讚，如此人們才能親眼證實「生命無常，世事難料」。有什麼好放不下的呢？外表豐華，最後也只剩下一把白骨。所以，現在眼前所見到的事物到底是真實還是虛幻呢？想爭千秋萬世的人，應該會覺得捷克的人骨教堂很有意思。

## 5 死海附近的集體農場是怎麼回事呢？

「死海」聽起來真是一個可怕的海，但它距離宗教聖地耶路撒冷只有二十四公里。跳下死海要死也是很不容易的，因為死海的鹽分及礦物質很高，人在死海不但沉不下去，還可以悠哉地浮在海面上看書報呢！

這裡問到的「集體農場」，指的便是以色列在「死海」邊設置的「奇布茲」（Kibbutz）生活方式。

奇布茲源於希伯來文，意為「集體農場」，是一種獨特的社會經濟共同體。在奇布茲中，各種決策由社員大會民主通過，土地、財產和生產工具都歸農場集體所有。奇布茲裡設有中央廚房、中央洗衣房，所有的社員都在公共的地方用餐及處理衣物，在這裡的成員們依照自己的能力和專長任職，餐廳、廚房和其他雜務工作則採取輪流制。平日兒童們則在兒童學校一起生活、讀書。成員們沒有工資，在農場內部也不使用金錢交易，所以奇布茲成員的衣食住行、生老病死、子女教育、文化娛樂等全部由農場共同包辦。

以色列第一個奇布茲建立於一九四八年，當時的拓荒者們主要是一群來自俄國的猶太青年，他們在俄國過著共產制度的生活，於是向政府建議設立集體農場，取其好處而為，所以以色列政府就准許這些人開墾農地。直到今天，以色列大約已有三百個奇布茲，每個集體農場維持在五百到六百人的規模。

　　雖然奇布茲原本以農業發展為主，近年來，也開始發展工業和旅遊業，像是死海附近的沙漠綠洲「隱該地集體農場」就是以生產瓶裝礦泉水聞名，環境優美可遠眺死海和沙漠景觀，更兼營死海附近的旅遊業。

　　「米茲沛・夏倫集體農場」是專門生產死海黑泥和肥皂、皮膚保養品的工廠，品牌名為「ＡＨＡＶＡ」（意思是愛）的死海產品系列，他們的產品不只銷售於以色列全國及來自各地的觀光客，在網路上也可以訂購，由於品質優良，頗受好評。從這件事看來，人家說猶太人很會賺錢，果真是名不虛傳。

　　奇布茲也提供一種很特別的生活體驗，那就是他們歡迎大家到「集體農場」去做志工。只要買張機票，會基本的英語，就可到奇布茲體驗當地的生活。到了那邊，奇布茲會安排志工在適合的單位，可能是果園或者餐廳、幼稚園等地方幫忙，每周工作六天，還會給零用錢，並安排到以色列各地旅遊，認識當地的文化和歷史。

# 6 參拜日本「神社」有哪些奇怪的規矩？

　　日本人予人多禮的印象。從他們的生活點滴中的確可以發現這一點，比如鞠躬要求九十度，禮物的包裝要求精緻的程度令人咋舌，傳統服飾穿著的樣式繁複，不是外人能夠一時上手。由此不難想像：日本人如果進到寺廟，會有多麼「厚禮」。

　　日本的寺廟就是「神社」。日本是個充滿傳統風俗的國家，信仰「神道教」（簡稱神教），神社裡拜的不是我們以為的佛或是耶穌基督，而是大自然、精靈、祖先或天皇等，屬於多神信仰。信仰神道的日本人在新年、成年禮或是重大節慶，都會來到神社參拜，這不僅是他們十分重視的祈福活動，也是其生活的一部分，故神社多設在市區或住宅區附近。

　　一般神社入口都建有「鳥居」，鳥居兩旁往往種植濃密的樹木，令周遭看起來幽靜舒適。人們來到鳥居前會端正儀容，還會對著鳥居輕輕點頭鞠躬，因為就要進入神明的領域了。進入鳥居以後，不可亂講話或大聲喧嘩，衍生出一股清幽的氛圍。

　　據說傳統的日本人相信天上的神明和地上的人們必須藉由鳥來聯繫，因此在神社的入口處建立了鳥居。然也有人說鳥居的用處是將鳥引到鳥居上居住，以避免鳥糞汙染神社。不管如何，鳥居這種特殊的標示牌樓乃在告示大眾：神居住之地已到。

　　神社一旁通常備有「手水舍」，人們先在此清洗雙手與漱口，代表清潔自己的內心與靈魂。有杓子時，先右手拿杓清洗左手，

後左手拿杓清洗右手，然後右手拿杓，取水倒入掌中，以掌中水漱口，切忌直接拿杓子對嘴喝。而漱口之後還要再以右手持杓清洗左手，以乾淨的拭布擦乾才算完成。偶而碰到沒有杓子的時候，可以先用雙手掬水清洗，再以雙手掬水漱口，然後再次清洗雙手，後擦乾即可。

　　通往神社正殿前有參道，參道是給神明走的路，參拜者須走兩旁。參拜的時候先拍兩下手，一說是爲了知會神明，另根據文獻表示，拍手是一種尊敬的行爲。到了神社本殿，將錢投入前方的「賽錢箱」後，接著搖鈴，再行二拜、二拍、手一拜的禮儀。

所謂「二拜、二拍、手一拜」，是指面向神明深深的兩拜後，平拍手掌兩次，然後再深深的一拜，此即是正確的程序。

賽錢箱是添香油錢的地方，賽錢箱的正上方綁有鈴鐺與繩子。關於參拜時搖鈴的動作有兩種傳說，一說是鈴鐺具有除魔的力量，所以搖鈴成為舉行神事時的傳統；另一種說法是鈴鐺清亮的音色可以招來神明，在參拜時搖鈴，乃為將神明招來並許願。

在一些大神社裡，我們還可以看到神社販賣的平安「御守」、馬形「祈願牌」等。御守是一個小小的精美袋子，裡面裝有平安符。「祈願牌」上可寫下一個心願，寫了以後就掛到神社的牆上或是樹上，向神明祈求願望成真。

日本神社的規矩不少，這裡介紹的還僅是最基本的。對於無形的大自然力量，不只日本人崇敬，相信其他文化的人們也是懷抱一顆感恩景仰的心。所以進入神社即使不懂禮儀，也該保持應有的清靜有禮。

## 7　夏威夷草裙舞的由來是什麼？

　　想到「草裙舞」，人們就會在腦海中浮現一群身材窈窕、面容姣好的深膚色女子，她們身上穿著隨風飄搖的草裙，戴著美麗的鮮花圈，配合鼓聲的節奏與吉他的旋律扭動著身軀，搖！搖！搖！畫面優雅撩人，重複著一定的規律，就像海風陣陣吹來，充滿島國風情。

　　不知道的人，一定以為性感的草裙舞是當地原住民的求偶舞，其實草裙舞跟求偶一點關係都沒有，而且，草裙舞的由來竟然是很純粹的宗教舞蹈！

　　傳說中第一個跳草裙舞的是女神拉卡，拉卡在夏威夷的神話中是一位繁育之神，愛好舞蹈，性格多變，擁有巫術的能力。

　　拉卡為了迎接她的火神姐姐裴萊的造訪，經過一番苦思，設計出草裙舞的舞步，拉卡穿著草裙舞動嫵媚的舞蹈，取悅姐姐裴萊。裴萊欣賞了舞蹈後非常喜愛，心中燃起陣陣熱情，所以就用她的能力照亮整個夏威夷的天空。

　　裴萊在夏威夷神話中是十分活躍的女神，她保護火種，掌管著火山。傳說中的裴萊是個善變的女神，也是夏威夷人最敬畏的

女神。她常常以不同的面貌出現，有時候是風華絕代的婦人，有時候是冷酷的駝背老婦，有關她的傳說很多，不過她出現時身邊總帶著一隻白狗。神話中形容她的情緒無常，高興時溫順和藹；不高興時火山爆發，山搖地動，攪得人間天翻地覆。

因為草裙舞取悅了裴萊女神，於是成為當地向神明表達敬意的宗教舞蹈。而且傳說中拉卡還走遍夏威夷島，只為了四處教人跳草裙舞。

在夏威夷，男女老少都跳草裙舞。最初，男性只纏條腰帶，女性則圍條草裙，上身不穿。最古老的草裙舞必須遵守宗教儀式程序，包括祈禱、吟唱，打鼓等等。每一段的舞蹈也遵循嚴格的程序，例如第一階段是獻給神祇，第二階段榮耀酋長，第三階段讚美其他特別的人事物。這種以神靈形式為主的舞蹈含有鼓勵及讚美的意味，所以舞蹈本身即帶給人們歡欣鼓舞的力量，如此的氣氛不僅提升種族的向心力，無形中也延續了傳統文化的生命。

直到十九世紀左右，這種天體服裝嚇壞了第一批到達夏威夷的傳教士，且因舞蹈動作性感，故草裙舞遭到禁止的命運。然而，草裙舞在當地祕密地被保留下來，直到一八七四年卡拉可阿國王執政，才恢復這傳統舞蹈。不過，國王卻也同時要求女性草裙舞者不得裸露上身並穿上長裙，成為現代草裙舞服飾的由來。

至今夏威夷人仍認為草裙舞是夏威夷的生活和歷史，甚至是「開啟心靈」的舞蹈，還設有草裙舞專門學校，竭力尊崇此項傳統。在了解草裙舞的背景之後，相信各位以後再看到草裙舞時會有更不一樣的觀感。

## 8 你知道招財貓的傳說嗎？

因為地緣關係，日本的各式文化往往很快就流傳到台灣，其中迅速竄紅又廣為人知的動物明星正是貓！

說到日本有名的貓有三隻，一隻是不停開出紅盤的粉紅「Hello Kitty」，一隻是充滿夢想的藍色「哆啦A夢」，這兩隻有註冊商標的貓都為日本人賺了不少錢，每每推出新的款式時，喜歡的人，往往要打開自己的荷包，花錢購買；只有第三隻——充滿傳奇色彩的「招財貓」，不僅可愛得讓人想帶一隻回家外，還獨家

號稱可為主人招來財富，牠默默代替財神爺進駐每家商店，每天在櫥窗前向客人招手「錢快來吧！錢快來吧！」

除了來自日本，你知道招財貓撲朔迷離的身世和牠為什麼能夠招財嗎？

傳說在四百多年前的江戶世田谷一帶，有一座荒蕪的小佛寺。寺院裡的和尚養了一隻貓，即使和尚的三餐不繼，也不會讓貓餓著。

某夜，和尚在準備食物時，喃喃自語地說：「貓呀，你也知道我們很窮呀，沒有足夠的食物餵飽你，我也沒有辦法，如果你有辦法就不要餓著自己了。」這隻貓原本慵懶地躺在地上，聽完話，只是懶懶地伸個懶腰。

第二天，藩主井伊直孝跟家臣們因為打獵路經附近，正巧遇上一場大雷雨，一行人匆忙尋找避雨之處。來到這座小佛寺門口的時候，井伊直孝看到一隻貓竟然站在門口向他招手，覺得奇怪的他便跟著這貓進入正殿，沒想到就在此時，一道雷劈在他之前原本站立的位置，幸運的井伊直孝意外逃過一劫。

後來，井伊直孝為了感謝寺院裡的貓，便把寺院納入保護，當然貓的主人從此就不用再為寺院的貧窮煩惱，寺院也因著貓的名氣而興盛了起來。直到藩主井伊直孝死後，法號為「久昌院殿豪德天英大居士」，這間佛寺也被更名為「豪德寺」以為紀念。從此江戶人便流傳「招福貓」帶來幸運的傳說，慢慢演變為「招財貓」的說法，據說現在江戶的「豪德寺」也以「招財貓之寺」而著名。

關於招財貓的由來眾說紛紜，除了「豪德寺」的傳說，還有「越後屋」及「藝伎薄雲」的傳說。

在「越後屋」中，招財貓以自己的血肉精氣，換成金幣給嗜賭的年輕主人，最後還犧牲生命換回主人的努力向上，故事十分感人。

「藝伎薄雲」則是傳說藝伎薄雲瘋狂愛貓，不管她走到那兒，她養的貓都跟隨在她的身後，即使如廁也不例外。在外人眼中，薄雲的行為相當不尋常，所以藝伎院主認為薄雲著了妖貓的魔。一日薄雲正要如廁時，貓兒竟然搶先衝入茅廁，院主一見大驚，便衝去拔了一把刀回頭把貓的頭斬下，沒想到貓兒嘴上緊緊咬著一尾藏在浴室的蛇。薄雲為此傷心不已，將貓給厚葬，後來她的客人便命人以木頭雕刻了一隻貓，送給薄雲，傳說此貓後來演變成帶來幸運的招財貓。

不管這些靈貓救人的故事是真是假，日本人多認同招財貓是好運降臨的寄託。他們還加以細分，認為舉著左手的招財貓是「招財」，而舉著右手則意指「招福」；如果招財貓同時擺上兩種手勢，那麼財運和福氣便會一起光臨。

據說，這隻命薄福厚的招財貓，本名叫做「玉」。

## 9 泰國人拜的四面佛有什麼與眾不同？

　　一般人稱泰國的神明為四面佛，其實正確說法應該是「四面神」。印度婆羅門史記及傳說中，記載四面神源出自印度婆羅門，出生的任務在創造天地萬物。

　　四面神有四張臉孔、八隻手，四張臉分別望向不同方位，八隻手分別持有不同的法器，包括佛珠、法杖、經典、法螺、法輪、金露瓶、法鏡等。祂被稱作「大梵天王」，因為只是初禪天的天王，還沒成佛，所以為四面神。

　　關於四面神，印度的經典裡記載著一個故事：

　　以前有一位國王，為印度教立了個大功，所以得到一個向四面神請求願望的機會。

　　四面神問：「你想要甚麼？」

　　國王回答：「請賜給我長生不老，壽與天齊。」

　　四面神答：「不可能，生老病死，乃人生必經過程，這是天律，任何人都不能倖免。」

　　國王左思右想，他說：「有求必應的四面神呀！我希望我不會被人類或野獸傷害，也不會死在任何武器之下，而且無論白天或黑夜，天上或地下，我都不會被殺害。」原來這個國王平時作惡多端，樹立了許多敵人，他擔心自己遲早會被人暗殺。

　　四面神答：「這容易，就應你所求！」

　　這個暴君得到四面神的庇佑之後，在天地之間沒有人或動物可以殺死他，所以他的權力無限擴張，顯露本性，荒淫無道，連天神都敢得罪，使得人民痛苦不堪。對人民痛苦感同身受的毘濕奴神，後來想出一個除去暴君的方法，祂化身成一頭巨大的半獸人，有四隻手與獅頭人身。祂選在黃昏時刻，用尖銳的指甲撕裂暴君的肚子，把他殺死。

　　四面神的庇佑失靈了，因為暴君不是被人類或野獸殺死，殺死他的是半獸人；他也不是被武器殺死，兇器是鋒利的指甲；殺死他的地方，不是在天上或地下，而是在半獸人的膝上；而且他不是在白天或黑夜被殺死，而是在黃昏。

　　「有求必應」是四面神崇拜者的共同信念。在泰國，到處都有人拜四面神，不僅一般家庭，在許多商場、大廈和廟宇的前面，都會供奉或大或小的四面神，這般盛情，難怪乎有許多外國人也學起泰國人求起金碧輝煌的四面神。

　　據說向靈驗的四面神許願以後必須還願，否則就會遭遇厄運。有些供奉四面神的大寺廟中，還設有為信眾還願的「真人現場歌舞秀」，只要向服務台申請購買即可服務。

　　四面神的四個面代表的意思大致上以「慈、悲、喜、捨」為

主要說法：「慈」無量心與大梵天王的正面「密達」相應，喻眾生得樂。「悲」無量心與大梵天王右面「噶如喇」相應，濟貧恤苦，願眾生離苦。「喜」無量心與大梵天王後面「摩達」相應，見人行善離苦得樂生歡喜心，因此願一切眾生離苦得樂。「捨」無量心與大梵天王左面「無別迦」相應，怨親平等，無愛憎，廣披澤恩。

四面神宗教內涵或許不易記住，不過用一般人的說法是，禮拜四面神時要從第一面神順時鐘方向拜過去，第一面求平安，第二面求財運，第三面求感情，第四面求事業。雖然泰國的四面神跟佛、道教禮拜的佛陀大異其趣，不過一切都爲祈願眾生離苦得樂、生歡喜心。

說來有趣，四面神源於印度，可是在印度卻幾乎沒有人信仰四面神，其中有一段古老的傳說：

話說四面神的妻子莎薇琪，一次四面神獨自去參加一個祭典儀式，這儀式必須夫妻偕同參拜，於是四面神臨時找了一個少女一起進行祭拜。不料在儀式進行時，妻子莎薇琪突然趕到，看見四面神有女伴，以爲祂另結新歡，不禁妒火中燒，大發雷霆，當眾詛咒四面神今後不會得到印度人的尊敬。四面神應咒，在印度真的沒有信眾敬仰，反而在泰國香火鼎盛，現在在泰國信眾中，還流傳著一句話：「千萬不要得罪女人，特別是自己的女人！」

## **10** 城隍廟裡為什麼要掛著大算盤？

民間信仰認為有資格出任城隍的必是生前有德、善良且明辨是非的人，像是水鬼城隍的故事、《聊齋》中郭燾考城隍的典故都是有德之人。城隍在道教的神譜執掌中主要掌管地方上的平安神，專管百姓陰間諸事，類似古代的衙門或是現代的地方法院與警察局，屬於地方公義的守護神。

中國人拜城隍的風俗在世界各國間算是特別的信仰，而且城隍的信仰在歷史的紀錄上，可以遠推至周朝，《禮記》中就載明

天子在祭祀大典上祭拜城隍。周代城隍之意應與今日略有不同，可是到了魏晉南北朝以後，城隍神已是人民祭拜的神明。唐以後郡縣都必須祭拜城隍，唐朝文人像是張說、韓愈、杜牧等都有寫過〈祭城隍文〉。

明太祖朱元璋在起義成功之前常出沒寺廟中，特別推崇城隍信仰，他下詔天下各知縣、知府均得祭城隍。明清時代地方如有新官上任，必先至當地的城隍廟上香祭拜，向城隍爺稟報自己即將上任，以後為官清廉，否則必遭神譴，同時也祈請城隍爺庇祐照顧。

因為城隍白天可幫行政官辦事明察秋毫，晚上負責靈魂的種種事情，記人之功過，因此所有的城隍廟都有掛算盤。城隍是司法神，部下有六個執行官包括文官、武判、牛頭、馬面、枷神、鎖神，還有七爺、八爺，也就是范、謝兩位將軍。

朱元璋說：「朕立城隍神，使人知畏，人有所畏，則不敢妄為。」這正是城隍信仰的中心主旨。

事實上，從中可發現朱元璋善於利用人性的弱點，將人民已有的信仰加強，讓人民由畏生懼，在舉頭三尺有神明的情況下，不敢作壞事，使人民自律，做任何事時都要謹慎，不要心存僥倖，不欺暗室，因為城隍爺時時刻刻都在監視我們的一舉一動。而人們在過去生存權利沒有民主法律保障的生活之下，只好將祈求公義的心寄託在無形的力量上，更加促使城隍爺的信仰興盛。然而可十分確定的是，明代以後，「大算盤」成了城隍廟裡特有的招牌。

　　台灣目前約有百間立案的城隍廟，其中全台第一座城隍廟是台灣府城隍廟，也就是位在台南青年路上的城隍廟，這裡的城隍是全台灣官階最高的城隍。一進入廟中，陰森的氣氛瀰漫，「明鏡」跟紅色「大算盤」高高地懸掛著，「爾來了」的名匾讓人不由得肅敬起來。

　　府城的紅色大算盤顯示城隍爺的公正無私，且昭示大眾「千算萬算，不如天算」，不管計較再多，世人來到城隍爺面前，今生作多少善惡之事，只要算盤一打，功過是非記錄於上；明鏡一照，今生所作所為放映眼前，不容兔脫。每逢城隍出巡遶境時，大算盤亦隨城隍同行，乃城隍審判的必備工具。還有一些城隍廟採用鐵算盤，讓人曉知城隍判令如鐵，不容置疑，且千古不壞。

　　城隍的算盤學問多多，算什麼呢？其實每個人心底都有一副算盤，計算自己的善惡是非，應該不輸給城隍爺的大算盤才是。

## **11** 穆斯林只有「不吃豬肉」而已嗎？

二○○五年八月，法國第一家專為穆斯林開設的「BKM——穆斯林漢堡王」在巴黎附近最大的穆斯林社區開幕營業。這家店內的女服務生，包上合乎伊斯蘭教規定的頭巾，讓穆斯林在店裡輕鬆自在，因此店家開幕以來大受歡迎，天天門庭若市！在記者採訪的新聞中，有穆斯林興奮地說：「這是穆斯林的食物！在麥當勞，我不能吃裡面賣的肉品或是其他食物！」

為什麼呢？為什麼穆斯林人不能吃麥當勞的漢堡？因為不能吃豬肉嗎？麥當勞也有牛肉，也有雞肉呀！事實上，一般人對穆斯林的飲食習慣有很大的誤會，以為他們「只有」不吃豬肉，其實穆斯林只能吃「哈拉」（Halal）。

「穆斯林」就是一般人稱的伊斯蘭教徒，如果用大眾的飲食習慣來衡量伊斯蘭教的食物禁忌，大概會覺得伊斯蘭教難以理喻吧，因為吃肉的規矩特別多。

伊斯蘭教對於飲食方面，有相當嚴格的規定，《古蘭經》明文禁止的食物有：（一）未唸阿拉尊名而宰殺的、自死的、血液、豬肉、悶死、打死、跌死、鬥死、咬死、祭神的等等；另外食肉的飛禽走獸、凶猛禽獸亦不可食用。（二）嚴禁飲酒，因其導致亂性、喪志、失智。（三）凡有麻醉性的物品也都禁止。

這些禁忌看起來麻煩，操作起來也不容易，為什麼全世界卻有十二億穆斯林願意遵守著這些規矩？

　　除爲阿拉眞主所言外，其實從科學的角度，也可以發現許多規定的內容是合乎飲食衛生的。如果人們吃了受污染的食物，自然容易生病；自死的動物不能吃，則是因爲動物自己斃命，很可能是染病或中毒，所以禁食也有道理。

　　《古蘭經》中認爲豬的特性貪髒懶淫，所以吃了豬肉，會吸收豬的惡性；同理，凶猛的獸禽也不可食用，所以穆斯林不止不吃豬肉，也不吃跟豬有關的任何東西、不用任何跟豬有關的東西，包括豬油、豬皮製成的皮革，而且肉類食物只食用以伊斯蘭教習俗屠宰的「食草反芻類」牲畜。

在穆斯林遵守種種嚴格教義的情況之下，西方的速食店是完全不適合穆斯林的，所以自然打不進這有十二億人口的市場。

一定有人好奇：「那穆斯林去到別的國家怎麼飲食呢？去超市怎麼買食物呢？真的就不能去速食店嗎？」

因應需求，伊斯蘭教組織有一種特別的認證標籤——哈拉食品，意思是合法的伊斯蘭教食物。只要是食物包裝或是餐廳上面有這種標籤，教徒都可以安心地購買食用，因為有認證標籤代表這項食物的處理完全依照伊斯蘭教的標準。

商人為了搶進市場，因地制宜，不只「漢堡王」，新加坡的必勝客也率先推出「哈拉披薩」，以「夏威夷披薩」為基調，以「哈拉」方式處理雞肉取代原先的火腿，且在菜單上取消啤酒，要求伊斯蘭教組織認可披薩連鎖店所用的肉品，合乎伊斯蘭教食物取用法，發給「哈拉」許可證。畢竟，這塊商機無限的「哈拉」市場實在太誘人了，所以不只穆斯林愛「哈拉」，商人們也越來越愛「哈拉」。

**穆斯林所食之肉**

穆斯林所吃的肉在宰殺過程必須尊唸阿拉真主的經文，嚴格的情況下必須由教內負責宰殺牲畜的教長執刀，伊斯蘭教認為血是污穢之物，充滿動物的獸性，必須將牲畜徹底放血，才能料理。

民族文化101問❓

## 12 白色情人節和西洋情人節有何關係？

我們都聽過西洋情人節、七夕情人節，「白色情人節」又是什麼呢？

三月十四日正是「白色情人節」。起初西洋情人節傳到日本民間之後，二月十四日成為男孩對女孩表示情意的日子，這天由男孩送禮物給有好感的女孩。後來經由商人炒作之下，將一個月後的三月十四日定為白色情人節，這天由女孩子回禮給男孩，表達好感與情意。

在日本人這個重視禮數的國家，送禮成了高深的學問。在百貨公司買個小東西，如果售貨小姐知道這是要送人的禮物，她會幫你很精緻地包裝起來。回禮的習慣也毫不手軟，白色情人節的盛名，也是日本人對於收禮、回禮的傳統態度而來。不過發展到今天，已經不分男女；只要其中一方在二月十四日當天收到異性送的情人禮表達愛意，且對對方也有同樣的好感時，就可以在三月十四日回送一份情人禮物，表示自己接受情意。

不過，你知道最初的西洋情人節是怎麼來的嗎？

　　情人節最早的由來可追溯到羅馬「牧神」的宗教節慶。當時的羅馬，郊外荒涼無人煙，有許多成群的野狼在鄰近的區域活動，給人畜帶來不少威脅。在羅馬人崇拜的眾神中，牧神盧波庫斯能保護牧羊人和羊群，因此當時的人在二月十五日這天向牧神祈求平安，羅馬人還會在這日舉行盛大的祭典來慶祝牧神節。羅馬的少男少女在牧神節的前夕，也就是二月十四日晚上，會舉行聚會，據說將女孩子的名字寫在木片上，再放入在盒子裡，讓參與的男孩子抽出女孩的名字，各人抽中的女孩便是上天幫忙挑選的佳人，未來的一年裡男孩子可以多加追求。

　　西元二七○年，羅馬暴君克勞多斯連年爭戰，將國內的男丁都徵召入伍。男人是家庭的依靠，而且許多情人被迫分開，人民怨聲載道，克勞多斯聽說了這種情形，大發雷霆，宣布禁止人民婚嫁。

　　但是，愛情怎麼能夠阻止得了呢？當時一對情侶偷偷找了基督教修士范倫汀（Valentine），請求他為他們私下證婚，因為這對情侶苦苦哀求，不忍拒絕的修士就私下在神的祭壇前為他們證婚，人們口耳相傳，很多人偷偷來到這裡結成伴侶，而修士們也在這裡傳教布道。沒想到這件事被發現了，范倫汀被逮捕入獄。當時羅馬帝國又反對信仰基督教，所以基督教修士范倫汀在獄中遭受凌虐，而他為了保護同伴，不肯招出其他人，於是在西元二七○年二月十四日被宣判吊死。

後來，羅馬立基督教爲國教，爲了紀念殉道的范倫汀修士，不再慶祝牧神節，改紀念殉道者聖范倫汀。所以情人節時如果你曾收到卡片，你可能會看到「Happy Valentine's Day」，二月十四日這個日子原本是紀念聖人范倫汀殉道。

法國亨利四世執政時期，在一次范倫汀節，法國公主在宮廷舉辦盛大的宴會，像牧神節一般，女士可以接受喜歡的男士的鮮花，就這樣，每年范倫汀節的活動更具體地接近情人節。

西洋的情人節逐漸演變成寄卡片或送禮物給所愛之人的驚喜節日，愼重的人還會自己製作巧克力、小餅乾等等。現在這個節日雖然還是以情人爲主角，但是也不獨限於情人，只要是我們深愛的人，不管是父母、兄弟姊妹、朋友，都是我們可以表達愛意的對象。

白色情人節的立意，給予了受贈者回贈的機會，也難怪會繼續蔓延開來。

## 13 有風的地方就有風獅爺嗎？

金門以風大聞名，甚至必須請風獅爺鎮風煞！到底金門的風有多大呢？

《金門志》上說：「居人多以布裹頭，盛夏不輟，海風破腦故。」意思是居住在此的居民多以布包裹著頭，即使是炎熱的夏天也是如此，因為海風就像要「破腦」而入一般強勁。破腦的形容真是絲毫不誇張，曾經有過類似經驗的人應能了解，人的頭被強風吹襲過後，會感覺腫脹疼痛，就像有風在頭腦裡邊奔竄一般，很是痛苦。

金門因為沒有屏障，一年中有九個月的時間必須受到東北季風的吹襲，居民生活十分辛苦。據考究，金門在大批移民進入前，本來具有樹林茂密的地貌，但是何以後來變成黃沙之地，造成海風直吹陸地，主要是原始茂密的樹林都被砍光之故。

當時當地人常受風災之苦，把風當成是一種煞氣，據說因為《風俗通義》記載著「風禮風師者，箕星也，箕主簸揚，能致風氣。」民間以訛傳訛，認為「師」就是「獅」，獅在中國古代一直是辟凶邪之物，因而發展出能鎮制風沙的「風獅爺」。

金門的「風獅爺」多數分布在直接受風的東半部，也多設置在路上，作為石敢當，所以被認為有擋風、鎮邪、制煞等等的功用。也有人將小型風獅爺設立於屋頂之上，以為鎮宅。手持吉祥

物的風獅爺不是嘴巴張大吞風，就是身上披個葫蘆收風，這民間信仰的風獅爺形象充滿著希望風息的期盼。

在台南安平也是獅子圖騰特別多的地方，安平也有過風獅爺的崇拜，應是從金門傳來，安平人將風獅爺稱為「瓦將軍」。安平的風獅有人物坐在上面，據說駕馭風獅的人是蚩尤，安平人喜歡將瓦將軍表現在屋角的建築上。

安平還有「劍獅」的辟邪獸牌，在古街道上劍獅分布於巷口轉角、門楣、屏風，甚至於王船船首，圖像特徵是獅子張口銜劍。不過，劍獅由來與風無關，是鄭成功打敗荷蘭人開台後，軍隊駐紮安平附近，將士返去住處後，把獅面盾牌掛在牆上，再把刀劍插入盾牌鐵勾，遠看像是獅子咬劍，安平人看見了就仿效刻製，形成劍獅獸牌的由來。

風獅爺乘風而行，有趣的是，這陣風也吹到日本琉球。

琉球的風獅爺，在當地人眼中是「除魔獅」。明清時代，中國和琉球往來頻繁，所以風獅爺文化也傳入琉球，每個文化有其特色，風獅爺來到琉球之後，最大的差別，在於琉球人將風獅爺安置在兩旁門柱上，其中一隻嘴開，另一隻嘴閉，理由是張開嘴的那隻把邪魔吃進嘴裡，而閉著的那隻則防止邪魔逃跑。

風獅爺在時代進步下逐漸改變作用，現代人對風獅爺辟風邪之說不盡照單全收，可還是樂於維護著這樣的民俗傳統。因為風獅爺已成為一項值錢的文化觀光財，不管是金門人、安平人、琉球人，都懂得取風獅爺吉祥之意，將風獅爺化成各種商品，小鑰匙圈、吊飾、擺飾、印章等等，琳瑯滿目，受到遊客的喜愛。

## **14** 中國也有愛神傳說？

《紅樓夢》第五十七回中，薛姨媽對黛玉、寶釵說：「自古道：『千里姻緣一線牽』。管姻緣的有一位月下老兒，預先註定，暗裡只用一根紅絲，把這兩個人的腳絆住，憑你兩家，哪怕隔著海呢，若有姻緣，終久有機會作成了夫婦。……若是月下老人不用紅線拴的，再不能到一處！……」

薛姨媽所說的「月下老兒」正是指中國人的愛神「月下老人」，月老是婚姻之神，典出唐朝李復言所寫的《續幽怪錄》：

唐朝有個名叫韋固的人，他旅經宋城，投宿在南店。一天月夜，韋固出外散步，看到有個老人靠著一個布袋，坐在階梯上，藉著月光看書，韋固好奇地走近，探頭一看，發現書中文字都不曾見過，因此跟老人攀談了起來。

老人告訴韋固，書是姻緣簿，袋中裝的紅繩是用來繫住有緣男女的腳，一旦繫上，不管是世仇或相隔天涯海角，無論如何都會結為夫妻。韋固好奇問了自己的親事，老人說：「你妻子是市場賣菜盲婦懷裡的三歲小女孩。」

　　韋固聽了很不高興，覺得盲婦的小女孩才三歲，而且還是賣菜賤民，根本不可能成為他的妻子。因此他氣得找家僕去刺殺小女孩，但家僕一時失手，只在小女孩眉心劃了一刀。

　　十四年後，韋固娶了相州刺史王泰的掌上明珠，人長得很標致，只是眉間貼著一片花鈿，從不拿掉。韋固覺得奇怪，便問妻子，妻子說：「小時保母抱著我去市場，被一個莫名瘋漢刺殺，留下刀疤，所以用花鈿遮蓋。」韋固聽了，突然想起往事，便問說：「那保母是不是一個盲婦？」妻子答說：「是啊！」韋固驚訝不已，才想到當年月下老人說的話。此事傳到宋城後，宋城的地方官便將南店題為「定婚店」。

　　以定婚店的故事來看，至少在唐朝就有月下老人的傳奇，而千里姻緣一線牽的觀念也從此影響無數後人，深植人心，即使是現代人自己辛苦追求來的姻緣，最後也會有一種「命定感」。

　　不管是什麼時代，不管是男是女，人人都希望自己遇上美好的另一半，所以還是習慣向月下老人祈求好姻緣。民間流傳農曆八月十五日是月老誕辰，未婚男女可以在這一天向月老祈求好姻緣，向月老要條姻緣繩，「千里姻緣一線牽」放在袋子裡，哪天突然不見了，就是月老取去綁你的姻緣了，所以，記得向月老取紅繩時只能取一條喔！

## 15 獻「哈達」的意義是什麼？

獻「哈達」是藏族人民最普遍的一種禮節。

西藏人過新年時，親戚朋友們會互相在對方的脖子掛上白色的絲巾；有活佛舉辦法事時，也可以看見活佛身上及會場到處飄著白色的長巾；在寺廟或是聖地，也會有白色的絲巾四處飄揚，這就是可以祈求平安幸運的「哈達」。

在西藏，哈達是很普遍的物品，隨處可見，外人看來只是一條長長的絲巾，可是對於西藏人來說，哈達是很重要的物品，且使用的規矩很多。這裡的人，不管是婚喪節慶、送往迎來、禮拜佛像等等，都可以獻上「哈達」。「哈達」在不同情況下代表著不同的意思，在喜慶上表示祝賀，在喪禮上誠摯致哀，在朝聖時則是獻出自己最真誠純潔的心。

因為獻哈達可以使用在任何社交場合，所以成為藏人常見的禮儀。按照習慣，下對上獻哈達時表示敬意和感謝，應躬身低頭，雙手舉哈達呈上或放在座位前的桌子上面或腳下，對方並不需要回贈哈達。同輩間獻哈達，表示友好，應該獻在對方手上，對方再回贈哈達。長輩給晚輩贈哈達，表示親切關懷，可直接將哈達掛在對方頸上。

當有人為自己敬獻哈達時，應將身體微微前傾，禮貌地以雙手接過，然後繞過頭頂掛在頸上，以示謝意。人們有事相求或是因為道歉而敬獻哈達時，對方接受哈達，乃是表示答應的意思；

不同意，則當面退還哈達。

　　給寺院或喇嘛布施，也會用哈達包裹錢物；對佛像獻哈達，由於無法靠近，也可以將哈達扔過去，所以在一些佛寺總是見到堆積如山的哈達。

　　關於哈達的由來有多種說法。其中一種說法，是漢朝時張騫出使西域路過西藏，向當地的部落首領獻絲帛，象徵純潔無瑕的友誼。後來，藏族部落就把獻哈達當作是一種表示友好、祝福的禮節，且是從中原大邦傳來的大禮，沿用至今。還有一種說法是元朝薩迦法王八思巴將第一條哈達帶進西藏。

薩迦法王八思巴是藏族歷史上的偉人，他於一二四四年隨叔父薩迦班智達·貢嘎堅贊前往西涼（今甘肅武威）會見元太宗窩闊台次子闊端。元世祖忽必烈即位後，八思巴被尊為國師。他於一二六五年第一次返回西藏時，向菩薩、佛像和僧俗官員敬獻忽必烈賜的長絲帛，當時帛上有萬里長城圖案和「吉祥如意」字樣。後來，人們不知如何對哈達的由來穿鑿附會了起來，作了一些宗教方面的解釋，傳到最後說成哈達是仙女身上的吉祥彩帶。

　　由於在西藏任何事都可以使用哈達，而接受哈達後掛在脖子上，儀式結束後就取下來，所以哈達的保存與原物料的浪費成了一個社會問題。但是即使西藏的有關部門曾經考慮過對哈達習俗進行改革，但因涉及人民根深蒂固的觀念，最終沒有進展，頂多只能呼籲大眾節約使用哈達。

　　哈達可以少用，不過，誠心的祝福可不能少呢！

### 哈達是什麼？

「哈達」是一種絲織品，紡得稀鬆如網，有質料及花樣的不同。最簡單的哈達是單純素面的素達，最精緻的也有吉祥圖案的隱花設計，例如蓮花、寶瓶、傘蓋、海螺等，民間幾乎看不到。藏族認為白色象徵聖潔和至高無上，所以哈達一般都是白色的。此外，還有多種顏色的哈達，藍色表示藍天，白色是白雲，綠色是江水，紅色是護法神，黃色象徵大地。不同的顏色用途不太一樣，有顏色的哈達多用在獻佛，或是結婚慶典時使用，是最珍貴的禮物。

# 16 緬甸人的八個生肖是什麼？

很久很久以前，玉帝要選十二個動物來擔任十二生肖，配合十二地支：子、丑、寅、卯、辰、巳、午、未、申、酉、戌、亥。

有人提議舉行競賽，以最快到達崑崙山的前十二名動物為錄取對象。玉帝覺得這是個好辦法，便決定照辦。

參加競賽的動物很多，老鼠為了想要在十二生肖中占一席之地，便要詐欺騙牠的好朋友——貓，老鼠趁貓睡著時偷偷跑掉，使得貓沒跟上比賽。到了會場，老鼠又趁動物狂奔之際偷偷爬上牛背，讓牛載著往前跑，沒想到就在牛快到達目的地之前，老鼠一下跳到牛的前方，結果第一名變成老鼠，牛只得了個第二名。

陸陸續續許多動物也接續到達，前十二名動物都確定了，等到貓追來後，生氣得不得了，從此跟老鼠勢不兩立，代代如此，所以貓只要一見老鼠，便立刻向老鼠撲過去，成了宿敵。

這就是中國十二生肖流傳許久的起源故事。不過這只是故事，從近年考古的資料來看，中國十二生肖的起源相當早，最遠的資料甚至可以推至女媧的傳說，目前沒有任何說法可以確定，只知道在東漢時期十二生肖已經完備。

中國十二生肖「鼠、牛、虎、兔、龍、蛇、馬、羊、猴、雞、狗、豬」，和十二地支搭配起來便是「子鼠、丑牛、寅虎、卯兔、辰龍、巳蛇、午馬、未羊、申猴、酉雞、戌狗、亥豬」，每一

年都有相對應的生肖輪值，出生那年的生肖便是自己所屬的生肖，所以問年齡時只說所屬的生肖也是可以推算的。

古老的十二生肖習俗也傳遍周邊國家，約在西元八世紀即傳入日本，可是日本的生肖卻是「有貓無兔」，推測是當初翻譯的時候把排行第四的「卯兔」的「卯」誤以為是「貓」，沿用至今。

柬埔寨、泰國的十二生肖動物同中國，順序上有點變化。

印度的十二生肖起源，遠溯至佛經中記載的古老神話，是從十二元神所坐的獸椅而來，這十二種獸椅後來變成了印度人的生肖。和中國十二生肖相比，是以「獅」代替「虎」，以「金翅鳥」代替「雞」，其他沒變。

在中華文化散播可及之處，就屬緬甸人的生肖最特殊。緬甸人只有八個生肖，八個生肖不是八年，而是「一個星期有八天」！

星期一的代表是虎，星期二是獅，星期三是雙牙象，星期四是黑鼠，星期五是豚鼠，星期六是龍，星期七是咖龍鳥，星期八是無牙象。所謂星期八是指「星期三中午十二點以後」的時間，也就是星期三中午十二點以前的生肖是雙牙象，中午十二點以後的生肖是無牙象，形成緬甸相當特殊獨有的生肖觀。

配合緬甸人特有的曆算，其生肖就看你在星期幾出生，星期一就屬虎，星期六就屬龍。

當緬甸人到佛寺去拜佛，就要到代表他自己生肖的小佛像上澆水，幾歲就淋幾杯水，這是他們最基本的禮佛功課。緬甸人每個星期都可以過一次「生肖」生日，慶祝一番。

　　緬甸的曆法，把大地劃分爲東南西北、四面八方，共八個方位，由八生肖分別管理八方。每逢佛教盛會及齋日，緬甸人民都會虔心前往生肖佛龕去敬拜，祈求生意興隆、家宅平安或愛情圓滿。

　　八種生肖對應，讓人感覺日子的積極流轉，不像中國的十二生肖「天高皇帝遠」，一年才來管一次。每十二年輪一回，眞是漫長遙遠，人一輩子能夠遇到幾回自己的生肖呢？五回？六回？

# 17 尼泊爾人為何崇拜「庫瑪莉」女神呢？

庫瑪莉活女神是尼泊爾皇室獨有的皇室守護神，尼泊爾人相信庫瑪莉會庇護王族與兩千萬尼泊爾人民。

傳說八世紀時，釋迦族有位女孩自稱是康雅庫瑪莉的化身，康雅庫瑪莉即是濕婆神的王妃巴瓦娣在其六十二個化身當中的一個，也有人認為她就是八位母神阿宮塔瑪翠卡之中的一位。當時國王認為女孩胡說八道，便將她放逐。可是禮佛虔誠的王后為此大為生氣，心煩的國王便把這位「女神」召了回來，並將她軟禁在一座廟裡。

另一個關於庫瑪莉的傳說，則是說塔蕾珠女神曾化身為人形到皇宮中巡訪，在晚上與國王談話時，國王對美麗的女神起了邪心，震怒之下的女神生氣離去。後來在國王苦苦哀求，保證絕對不再冒犯的情況下，女神才答應從此以神聖不可侵犯的純潔女童之身，繼續守護尼泊爾。此即現今尼泊爾「活女神」的由來。

庫瑪莉女神的挑選很嚴格，首要規定是必須出自釋迦家族，年齡則是四到五歲的女童。挑選的過程非常嚴苛，除了家世外，

她必須符合完美的頭髮、皮膚、牙齒與眼睛等三十二種特質；而且必須經過占星家確定，這女孩的星座與國王的星座相合；最後女童被帶到廟中大殿接受恐怖的考驗，在掛著血淋淋的水牛頭旁，許多帶著面具扮成惡魔的人故意嚇她，尼泊爾人認為能夠面無懼色走出來，從頭到尾保持沉著冷靜的女孩，必定就是女神的化身。

一經獲選，這位活女神可從一大堆前任庫瑪莉的珠寶服飾當中，挑出她所喜愛的服飾。被選出的活女神，從此只穿著紅色衣服，額頭中央繪有第三隻眼睛，限居於庫瑪莉活女神寺中，因為她是神明的化身，不能經常和凡人待在一起；且雙腳不可著地，進出要坐轎子或是由他人背抱，平日生活起居都只能在寺中，每年只有在宗教節慶中才可坐轎子離開寺廟上街巡視。

活女神一旦受傷流血，長水痘、生重病，或初經來臨時，就表示女神已死，必須退位重新挑選。

當庫瑪莉任期結束後，女孩可以帶著一筆財富離開寺廟，從此自由自在地生活。但是尼泊爾人認為，與卸任的庫瑪莉活女神結婚會早死，適婚年齡的男子則認為庫瑪莉難以勝任家庭生活，因此目前仍存的前任庫瑪莉大多數都沒有結婚，後期生活困苦。

近年來這項傳統已備受挑戰，有些人權律師就認為其有違法之嫌。尼泊爾政府也加強了對她們的保護，較年輕的女神們開始懂得為未來打算，如今她們終於能更像平凡人一般地生活。尼泊爾政府更頒布新令，卸任的庫瑪莉每個月將可領取少許津貼，生活困苦的局面可望因此而得到改善。

## 18 萬聖節為什麼要提著南瓜燈夜遊？

台灣農曆七月俗稱「鬼月」，據說陰曹地府在七月開啓鬼門，在鬼吏的監督下，讓孤魂野鬼返回陽世享用香火。因此，農曆七月是諸事不宜、禁忌最多的月分。不只中國人怕鬼，西洋人也怕鬼，西洋雖然沒有鬼月，但是你知道西洋也有鬼節嗎？

西洋鬼節便是萬聖節，在每年的十月三十一日。

這一天不論大人或小孩，都可以盡其所能地作怪，不管穿著打扮如何出人意表，都不會招致異樣的眼光，有創意的鬼樣子還會得到讚賞，所以這天在路上看到女巫、海盜、吸血鬼等，都不用訝異，你也可以扮成黑白無常把這些假妖魔給嚇回去。

今日的萬聖節幾乎成了孩子開心嬉戲的日子，他們穿上五顏六色的衣服，戴上各種牛鬼蛇神的面具，手中提一盞南瓜燈，集結一群小惡魔，去到鄰居家門前，大聲喊著「Trick or treat！」（搗蛋還是請客）──如果鄰居什麼都不給，有些調皮的孩子就做些讓大人啼笑皆非的惡作劇。當然，大多數人都會在這天準備好糖果點心，等著款待來按門鈴的小貴客。

古代的萬聖節可沒有這麼輕鬆愉快。在西元前五世紀，今日愛爾蘭人跟蘇格蘭人的祖先──塞爾特人，訂定每年十月三十一日是一年的最後一天。

塞爾特人相信一年的最後一天是惡靈力量最強的時候，就像台灣七月鬼門開的習俗。因此祭司會在此日主持祭典，安撫惡

靈，人們也會在屋子四周放一些糧食慰藉鬼靈，希望他們吃飽快快離去。塞爾特人相信鬼靈會帶來厄運，後來打扮成妖魔的由來有兩種說法，一種是鬼靈會被醜陋的面具嚇走，人們晚上出門，嚇走鬼靈，也希望鬼靈認不出自己；另一種說法是村民們自己扮成妖魔鬼怪，往村外遊走，意思是告訴妖魔鬼怪離開村莊的道路方向，避免鬼怪滯留在村莊惹事生非。

　　提到萬聖節的起源，為什麼沒有說到最富特色的南瓜燈呢？原來這又是另外一個故事了：

愛爾蘭有一名叫做傑克的男子，他是個酒鬼，一次喝醉酒時將惡魔騙上樹，又在樹幹上刻了十字架，讓惡魔下不來，結果惡魔和他達成協議，不再嚇傑克，才得以下樹。

　　另一種流傳故事是，傑克邀請惡魔喝酒，卻沒錢付帳，傑克便騙惡魔變成酒錢六便士來付帳，可是傑克沒把錢拿去付帳，反而用聖物將惡魔鎮住，後來惡魔發誓不嚇傑克，才被放出來。

　　不料沒過多久，傑克就死了，因為他品行不好，天堂不肯收他，加上他跟惡魔有協議，地獄也不收他。傑克無處可歸，只好在地獄門口徘徊。惡魔來趕他走時，傑克因為看到外面路黑，堅持不肯離去，為了打發他，惡魔隨手丟了一塊燒紅的煤炭給他。因為煤炭太燙沒法拿，傑克就把煤炭放在挖空的大頭菜裡，提著不停的走著，所以一開始萬聖節人們裝神弄鬼時是模仿傑克提著大頭菜燈的模樣，而這種燈在西方就叫做「傑克燈」（Jack-O'-Lantern）。

　　後來有人也用馬鈴薯、甜菜做成燈籠，這項風俗在一八四○年隨著移民進入美洲後，他們發現比大頭菜更好用的南瓜，從此現在所看到的傑克燈全變成造型多變的南瓜燈了！

## **19** 唐卡是什麼？

「唐卡」是什麼？

唐卡之於藏傳佛教，就像漢人祭拜木雕佛像一般。「唐卡」是由藏文「Thang-ka」的譯音而來，是藏傳佛教中一種獨特的藝術形式，簡單的形容是一種卷軸畫，內容以宗教題材為主。

唐卡有大有小，一般寬約六十公分，長約九十公分，畫幅中心位置有一尊大佛像，稱為「主尊像」，從左上角開始順時針布滿一圈的內容多是跟佛有關的故事。

唐卡作品給人色彩鮮艷的印象，一般我們看到的主尊像多是以莊嚴的佛像人物為主，表情平靜的佛像看來溫柔親和，表情忿怒的佛像面目猙獰、震懾人心。佛像周圍繪有動物、城屋、草木、雲彩或是描繪故事，強烈的工筆風格與道教信仰的神像差異甚大，所以許多人在初見之時難免會產生文化差異之感。

唐卡的繪製內容，多是為了教化大眾與宣揚佛法，或是作為個人修行之用，所以會有佛的繪像及傳奇故事，比如釋迦牟尼的誕生、成道、初轉法輪與涅槃的故事。此外更有許多不同的題材，例如各方菩薩、羅漢、金剛、護法及藏族的聖者與歷史人物，也會有活佛大師與歷屆喇嘛的畫像。

但是唐卡的內容並不拘泥於宗教，其他題材十分廣泛，還有肖像、傳記、故事、風俗，內容涉及政經文史等各個社會文化方面，無所不包，甚至許多藏藥的教學也是繪畫的題材，因此唐卡

被形容爲「藏族百科全書」。

在藏地任何一座寺廟、佛堂、僧舍乃至信徒家中，都供有唐卡，作爲修行觀想或弘法布道用。

唐卡何以能在藏族間普遍流傳呢？

第一是因爲早期藏僧注重修密法，常到荒野清靜處修行，便繪製可攜帶的佛像，以滿足觀想修行的需要。現在一般的信眾通常依據上師的開示選定自己所屬的本尊，在家進行觀修，端坐畫前禪定，藉由觀看、冥想、禮拜佛像，以求參悟佛理。

另一點是當時的社會背景影響，即藏族是游牧民族的緣故。

游牧民族逐水草而居，在常常搬家移動的情況之下，木頭雕刻的神像絕對比不上用布繪製的唐卡好收藏，藏民可以很方便地攜帶著唐卡四處移動，這就是唐卡能夠流傳最重要的因素。

加上唐卡以豐富的圖像傳達宗教意念，視覺符號是人們最容易接收的意念，即使不識字也能懂得圖像，而再抽象的描寫也比不上「看到」本身所要傳達的力量，因此唐卡中含有很多特別的象徵符號。這些象徵有規矩可循，但是要了解的人才容易解讀，例如：佛的手印、坐姿、持物、座騎、膚色等。

唐卡是西藏藝術的瑰寶，畫唐卡的人大多是虔誠的修行者，而且在虔誠之外還必須有優秀的畫工以及對佛教經義、儀軌、圖像及度量種種的深刻認識。可是有畫唐卡的畫家，我們卻不知道是出自誰的畫筆，因爲在藏傳藝術中，無論是繪畫或是雕刻，作者一般都不署名，因爲對於畫師而言，作畫或雕刻的過程就是一種修行，一種無私奉獻、膜拜神祇的尊崇。

　　唐卡題材豐富，但是畫中主題的構圖、形象、比例、顏色等都不能隨意創造，一切必須遵守圖像與度量的規定去作畫，唐卡藝術的形式並不自由。然而，這一點對他們來說並不重要，因為唐卡的存在，並非為了追求美的本身，而是奉獻於宗教的工具。

## **20** 為何印度人如此依賴恆河之水？

在瓦拉那西城的恆河，你可以看到媽媽抱著孩子，幫孩子沐浴；或是看到爸爸陪著孩子在水裡玩水；有的人將身子浸入恆河中，取水從頭頂淋下；有的人直接全身浸入水裡；有的人以河水漱口、清洗五官、四肢；也有人正在漂洗著衣物。

來自於四面八方，數不清的印度教徒，一生一定要來到印度最偉大的聖城「瓦拉那西」朝聖，並以在恆河河水沐浴為幸。

在外人的眼中，印度人平時民生上的吃、喝、拉、撒都會利用恆河之水；一旁還有不少火葬場，人們死後，火葬的骨灰也撒入河底。混濁的河水已經夠可怕了，竟然還又喝又洗，看來真是不衛生極了！然而在印度教徒們的心中，這裡是通往天堂的路，是消除罪惡的聖水，印度教徒希望死了以後可以燒成骨灰，撒在聖河神祇的懷抱。

「瓦拉那西」對印度人而言，如同「耶路撒冷」對猶太人的意義，是古老印度教的七大聖城之一，又被稱為「永恆之城」、「解脫之城」、「光之城」，至少有五千多年的歷史。不過，如果你問當地人這裡為什麼是聖城，當地人大概也沒法回答你，因為聖城就是聖城，心目中的神聖之地。

但是如果你問當地人恆河為什麼是聖河？

這裡就有很多神話故事了。其中，你可能會聽到的一種禮讚是：恆河是天上流降下來的天堂之水，是印度教徒最崇拜的濕婆

神頭髮上的水，一滴一滴，滴落腳邊匯流而成的聖河。

　　印度神話傳說，毘濕奴原本有五個頭，濕婆神砍去毘濕奴的一個頭，但是，毘濕奴的頭竟然牢牢黏在濕婆神手上。濕婆神用盡了各種方法都不能甩開它，實在沒辦法就不管了，可是頭黏在身上彷彿罪業沾身，心中非常不快。有一天，濕婆神來到恆河沐浴，說也奇怪，毘濕奴的頭竟然被恆河水沖走洗掉，一時之間濕婆神覺得心中的罪業也被洗淨，得到大安樂。聽到這樣的描述，你是不是也覺得恆河變神聖了？

在印度教的信仰中，恆河並不在最初的聖河名單之中，直到古印度人——亞利安人在數千年前遷移進入恆河流域後，發現這一條四季豐沛、充滿生命力的恆河之後，恆河才登上不朽的聖潔地位，並由恆迦女神（Ganga）守護。

印度教徒深信輪迴，認為這輩子是由於前世所累積的業報而來，來世則取決於今生的所作所為。他們堅信，恆河這天神之水可以洗去這輩子的罪孽，可以洗清印度教徒的業障，讓來世過得安樂。因而瓦拉那西的恆河邊共有八十多座大小不等的河階，密密麻麻地沿著河流排列在河岸丘地，這種河階景觀是當地因聖河朝聖者眾多而生的特色。

十二世紀，迦訶達婆羅王朝銘文中，就提到有五座河階，恆河岸地勢高低起伏，富商與虔誠信徒為方便眾人下水沐浴，陸續發願建造新的河階，於是越建越多，來朝聖的人也越來越多。至二十世紀初，已有六十座以上，河階就這樣越建越密集，成為特殊景象。從河階的建造與數量，可以真實反映出印度教徒是如何虔誠地看待恆河。印度教徒祭拜恆河，用恆河水供養神，在恆河沐浴，也喝恆河的聖水。

恆河的神聖地位在印度教徒的心中是永恆不變的，它孕育出印度的文化與生命，而印度人的血裡還流著古老的恆河之水，幾千年來隨著浪潮節拍，繼續在這古老的永恆河畔生存。

民族文化101問❓

## **21** 為什麼天主教徒要上教堂作彌撒禮拜？

天主教與基督教因為教義不合，所以即使同樣信仰耶穌，彼此有許多堅持的理念是不一樣的，比如，天主教強調「罪」與「罰」、「天堂」和「煉獄」；基督教強調「因信稱義」、和神之間的親密關係。天主教除了三位一體的神之外，還崇拜聖母瑪利亞；基督教只敬拜三位一體的神，瑪利亞只是一般婦女，而不是神。天主教在周末進行望彌撒；基督教則是在星期日進行主日崇拜等，以牧師講道跟唱聖歌為主。彌撒聖祭在基督教中也是有的，特別舉行在盛大節日的時候，例如聖誕節。

不是教徒的人對「彌撒」兩個字往往很迷惑，只是有個籠統的神聖概念。「彌撒」到底是什麼呢？——彌撒是舊約祭天的大禮，深層的意思是「去吧，你受派遣前去」。

古時祭天，各民族多用牛羊的血肉做祭品，耶穌基督來到世界以後，改變祭天的大禮，以他自己的血肉代替了牛羊的血肉。

在聖經故事中，耶穌捨身受難前，拿起麵餅，做了感謝，交給他的門徒說：「你們大家拿去吃，這就是我的身體，將為你們而犧牲。」用餐後，他同樣拿起杯來，再做感謝，交給他的門徒

說：「你們大家拿去喝，這一杯，就是我的血，新而永久的盟約之血，將爲你們和眾人傾流，以赦免罪惡。」在宗教傳承上，後來的教徒相信主耶穌把聖餐儀式傳承給他的門徒，並藉著門徒傳授給教會的主教、神父們，因爲耶穌說：「你們爲了紀念我，要照樣做。」

天主教信徒認爲耶穌具有天主的能力，自然能夠變水爲酒，治癒病人、復活死人，同樣也有能力使餅成爲他的聖體，使酒成爲他的聖血；所以經過耶穌祝謝後的餅與酒，雖保留著原來的外形、顏色、滋味，但實質上已成了祂的聖禮、聖血。基督教則認爲聖餐還是原來的餅跟酒，只是紀念儀式。

天主教認爲第一次彌撒是基督在加爾瓦山十字架祭壇上，耶穌以自己的身體獻祭，奉獻給天主聖父，釘在十字架上，心甘情願，代替人類犧牲。教宗若望保祿六世就曾說：「彌撒聖祭乃是最完美的祈禱方法。」

後世天主教徒以聖餐懷念耶穌，以祝謝禱告過的未發酵餅跟葡萄酒當作是耶穌的肉與血，在食用的過程中除了不忘耶穌的奉獻，也讓祂的神聖浸滌身體。在後來兩千年的時間，教會在全世界各地，舉行著彌撒聖祭，領受聖禮。

神聖的「彌撒」名稱提醒著教徒們，身爲教徒的使命是：要把自己接受的天主與他人分享，也把祂的愛給予他人。自己爲了他人的緣故而犧牲時，就是效法耶穌爲我們在十字架上犧牲自己的生命，而自己成了祂的身體和血。

這就是教徒上教堂作彌撒禮拜的原因。

## 22 台灣原住民為什麼崇拜百步蛇？

　　台灣原住民中，最崇拜百步蛇的族群是魯凱族與排灣族。他們的衣著服飾、日常用品、崇拜圖騰中都可見到百步蛇的蹤跡。

　　百步蛇為台灣五大毒蛇之一。其體長介於一百公分到一百五十公分之間，頭呈三角形，鼻頭上翹，身體兩側有土黃色三角形花紋，腹部色白有黑色圓斑。百步蛇分布於台灣東部及中南部山地，喜棲息於森林地區。牠的毒性極強，毒液屬出血性毒，被咬後如不立即救治，兩小時內可致命。

　　百步蛇如此可怕，魯凱族與排灣族為什麼崇拜百步蛇呢？

　　心理學上，從人類最原始深層的恐懼來分析：百步蛇遍布在山區，而且一旦被咬到就等於死路一條，人們由於恐懼而心生敬畏，每天在心中祈禱今天不要遇到百步蛇，戒慎恐懼慢慢的成為人們生活的一部分，於是百步蛇變成崇敬的圖騰。

　　魯凱族及排灣族的神話中，幾乎都有人與百步蛇結婚繁衍的

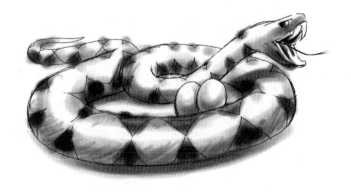

傳說故事，甚至認為自己是百步蛇的後代子孫！例如，魯凱族的「巴冷公主」便是與百步蛇有關的著名傳說故事：

傳說，在遠古時代，在現今屏東縣附近地域，魯凱族的部落過著與世無爭的生活，附近有個由百步蛇王阿達里歐統治的塔露巴林湖，自認為是百步蛇後代的魯凱族人基於對祖靈的敬畏，都盡量不靠近鬼湖。

巴冷公主是阿禮社頭目的女兒，也是天生的大美人，性格溫柔善良，是魯凱族內以及鄰近部落勇士們爭相追求的對象。一天，公主出外採集草藥，意外被蛇王阿達禮歐遇上，阿達里歐深深被美麗的巴冷公主吸引。不久，阿達里歐收集了帕立奇琉璃珠和無數的寶物作為聘禮，向頭目迎娶巴冷公主。在盛大的婚禮中，公主戴著魯凱族神聖的百合花冠嫁給蛇王，一起回到塔露巴林湖。塔露巴林湖就是今天大武部落的大鬼湖，因此魯凱族人將大鬼湖視為聖地，族人不得在湖的四周捕殺獵物，也不可大聲喧嘩，對大鬼湖保持敬畏之心。

除了魯凱族，排灣族也有數說不盡的百步蛇傳說：

排灣族人相信在遠古時候，太陽來到世間，產下兩個紅、白顏色的蛋，並且指定百步蛇保護它們。兩個蛋孵出一男一女，這兩個人就是排灣族的祖先。

原住民的神話故事中，百步蛇的角色很特別，具有權力，是祖靈，同時也是守護神。因此，過去的魯凱族與排灣族人是絕對不會主動殺蛇或是干擾蛇的，因為他們對蛇，特別是對百步蛇有混合著恐懼的崇敬，認為將百步蛇打死會招來不幸。

## 23 台灣人為什麼燒紙錢？

　　燒金銀紙的由來起源於祖先崇拜，此習俗據說始於漢代，唐朝的太常博士王嶼說：「漢以來，喪葬瘞錢，後世以紙寓錢爲鬼事。」從漢朝開始，人死之後，喪葬之時，要用錢幣與死人同葬，後世之人以紙取代有價值之錢貨。至於用火焚燒，可能是因爲民俗上傳入拜火教，相信火神能將所燒的東西傳達給鬼神而形成。

　　民間流傳著許多跟紙錢有關的故事。像是東漢宦官蔡倫造紙成功後，備受推崇，傳說他有一位弟弟（或學徒），因爲想要發財，也學著蔡倫的方法和妻子在家裡造起紙來。然而其生產出來的紙質低劣，很難賣出去，何況當時用紙也不普遍，怎麼辦呢？

夫妻倆對著紙堆發愁，不知如何是好。想著想著，妻子計上心頭，她讓丈夫躺在一個棺木裡裝死，然後四處發布丈夫死訊，當親朋好友來弔喪時，妻子一邊哭著，一邊不停地在棺前燒紙。好奇的旁人一問之下，她就說是丈夫託夢吩咐的，把他生前造的紙燒給他。大家還在納悶時，一旁的棺蓋卻突然掀起，死去的丈夫居然坐了起來，讓眾人驚駭不已。

丈夫告訴大家說：「因為妻子燒給他的紙就是陰間的錢，鬼差向他索賄之時，恰巧他收到這些『錢』，把錢給了鬼差，人就回來了。」眾人信以為真，紛紛仿效，燒紙錢因而成俗。

流傳的故事版本很多，卻都無邏輯可言，因為燒紙錢本身在科學昌明的現代看來即是一種迷信。就像陪葬文化，「埋」財物給死者的習俗中國自古有之，陪葬的陋習早在孔子的時代就多有改革，埋貨幣在戰國時代或是他國文化也都有，至於中國人何時從「埋」改為「燒」說法就有很多，大抵推測應和紙張的普及有關。如果從這樣的角度來看，燒紙錢的起源或許可能真的跟古代「陪葬貨幣」的習俗有關。

中國人一直深信：「有錢能使鬼推磨。」因沿成習，觀念上認為祖先在冥界需要用錢，得神明庇祐也要用錢，因而金紙燒給神明界，銀紙燒給幽冥界，尊卑有別，時代演變之下更分等級，依神格、對象或用途不同則使用不同的金紙，相當繁複，一般人有需要使用時，只要到金紙行詢問便可購得需要的紙錢種類。

目前台灣民眾使用大量的金銀紙，例如：正月前後燒金紙以祭拜神明，七月（鬼月）時使用銀紙祭拜鬼差，其他每逢「初

一、十五」、「初二、十六」或是神明生日、改運除煞、人們往生等，都常會使用到紙錢。

　　據說台灣每年燒掉的金銀紙高達數十億新台幣。金錢消耗已是其次，燒掉的資源才是問題，中國大陸的十億人民在文化大革命的時期，就將拿香拜拜跟燒紙錢這類的習俗革去。

　　如今，因為地球資源與環保的緣故，台灣政府多在宣導要求民眾盡量少點香，少燒紙錢，心意才是最重要的！但是千年來根深蒂固的「祭鬼神」觀念，如何能在一夕除去？有哪個後代願意背上不孝的臭名呢？有哪個虔誠的道教徒願意冒險呢？但是，為了永續經營的環保，你願意挑戰看看嗎？

## **24** 八家將是哪八位將神？

　　「八家將」是一般廟會活動裡最受矚目的焦點，通常扮演著開路、壓陣及秩序維護的角色。將神們特色濃烈，臉譜紋飾充滿民俗的色彩，因為神祕的臉譜看起來威猛凶惡，壓倒群魔。

　　頭戴盔帽、身穿戲袍、腳著草鞋、外手執扇、內手執法器，配上五顏六色的大花臉是他們的特色。表演起來往往搖頭晃腦、瞠目怒視，以驕縱之姿左右擺動，顯得威風凜凜，極具震撼之效果，同時也表露出毫無矯飾的鄉土性格。

　　「八家將」結構嚴謹，主要任務是在主神出巡時協助緝拿妖魔、捕捉鬼怪，有如人間的檢警人員。

　　其主要的八位將神成員包括：甘、柳、范、謝四爺，稱「四將」；春、夏、秋、冬四神，稱「四季神」。加起來合稱「八將」。組織結構較為嚴密完整的為十三人陣，即「八將」再加上「什役」、「文差」、「武差」、「文判」、「武判」。

　　發令程序大致是：通常主神下令之後，「文差」執令牌接令，「武差」執令旗傳令，「謝、范將軍」分別執魚枷、方牌司捉拿，「甘、柳爺」則執械棍司刑罰，「春、夏、秋、冬」四季神分別執木桶、火爐、金光槌、毒蛇等執行審問，之後文判錄供，武判押犯。眾將神分別執不同的法器，行進時大都為七星步或三進三退的步法，表演時則以踏四門為主，即兩人對走正方形的對角，此外還有七星陣、八卦陣等。

　　在迎神賽會中，八家將的表演都是一整套的，當他們一開始表演，就要整齣演完而不能中斷。八家一旦將上完妝後，到卸妝中間都不可隨便嬉鬧，因化了妝就代表著神駕的存在。

　　許多文獻資料皆顯示，台灣最早的八家將，是由台南府城的「白龍庵」所發展出來，主神是「五靈公」。

　　「五靈公」是民間的逐疫之神，亦稱「五方瘟神」，專為陽界驅瘟除疫、保境安民，最早為福州一帶的鄉土保護神。傳說是因為五位書生（張元伯、鍾士秀、劉元達、史文業、趙光明），某夜同伴出遊，路上遇見五瘟神，於五處古井投毒。五人本想將此事告訴居民，惟恐不被採信，決意犧牲自己，留書示警，投井受毒。因為救了許多人，被玉皇大帝封為五靈公，民間後來改稱「五福大帝」祀奉。

　　八家將便是起源自五福大帝用來掃除瘟神的麾下，至今約有一百多年的歷史，八家將的傳播由台南往南北兩端，現在反而成為各大廟宇慶會的特色，許多大廟如城隍廟、五府千歲廟等等，都有「八家將」團。

## 25 為什麼三月十七日這天愛爾蘭人為綠瘋狂？

　　三月十七日是一個充滿綠色的日子，在英國、美國、加拿大以及一些住有較多愛爾蘭裔族群的國家都有大肆慶祝的活動。

　　這天，許多學生會互相開玩笑，如果看到對方在校園裡走著，可是身上沒有一些綠色的裝飾，你就麻煩大了，可能會被一群調皮的同學圍起來，才赫然發現今天出門前竟然忘了佩帶「綠色」這個幸運色。大部分人都知道規矩，所以在半屈半就下被塗上一臉莫名其妙的綠色油彩，不但不生氣，還覺得很快樂，因為今天是聖派翠克節！

聖派翠克節是紀念聖派翠克這位愛爾蘭的傳奇人物。在長久的歷史流傳下，聖派翠克的故事被蒙上許多有趣的傳奇色彩，至今，傳說與真實的歷史已經互相連結難分。根據記載，距今約一千六百年前，聖派翠克出生於大不列顛島，童年生涯富裕平順，沒想到十六歲時，一群海盜入侵擄掠，把小孩婦孺擄走並販賣給人作為奴隸，派翠克便因此輾轉流落至愛爾蘭。

派翠克被賣到愛爾蘭史列米敘山區，以奴隸的身分牧羊六年。傳說有一天他在禱告之後接到天主聖諭指示，逃到海邊搭乘船隻逃到法國，之後數年停留在歐洲透過宗教得到庇護，並成為傳教士。懷抱著信仰與奉獻，派翠克教士再度回到愛爾蘭，他為愛爾蘭人除去島上的毒蛇，改善生活環境，以無比的決心將天主教介紹給愛爾蘭人，使當時多神信仰的愛爾蘭人逐漸接受天主教思想。派翠克教士也因自己曾經親身體會身為奴隸的痛苦，而強力廢除奴隸制，使得愛爾蘭之後再無買賣奴隸的陋習。

聖派翠克一生都留在愛爾蘭傳教，將宗教傳到島上的每個角落，建立教堂和學校教育人民，現在在英國也有許多教堂和學校都以他命名。愛爾蘭人為紀念派翠克教士的貢獻，特別尊稱派翠克教士為愛爾蘭聖人，並以其逝世的日子紀念他。

因為聖派翠克在愛爾蘭傳教時，曾利用酢漿草三片葉形來解釋神學上天父、聖嬰及聖靈三位一體的重要教義。後來派翠克過世之後，人們為了紀念他，就在這日佩戴酢漿草，而酢漿草也成為了愛爾蘭的象徵，四片幸運草的傳說起源或許也是後人從此穿鑿附會而來。

根據歷史上的文獻記載，愛爾蘭人於十七世紀末就有將酢漿草配戴在正式西服領上的作法，在維多利亞時代，酢漿草被廣泛表現在各式藝術上，家具、織品、珠寶、飾品等等，處處可見酢漿草的顏色與特殊形狀的蹤跡。現在，三葉酢漿草的圖案也是愛爾蘭航空公司的形象標誌。

　　最古早的聖派翠克節的遊行，是當時許多被派往美洲新大陸愛爾蘭裔的士兵，每年在聖派翠克節那天，舉行軍隊行進來紀念祖國的大節日。現在英國許多地方都將聖派翠克節列為傳統慶典活動，每年的三月十七日舉行連續數日的盛大嘉年華會，同時加入具有藝術文化和娛樂價值的各式活動，像是熱鬧的遊行舞會、夜間的煙火表演、愛爾蘭傳統音樂及舞蹈表演、街頭木偶劇、街頭喜劇等。

　　代表愛爾蘭春天來臨的酢漿草，其所呈現的一片綠也就成了聖派翠克節的代表色。聖派翠克節的遊行隊伍穿著各種綠色的服飾，在他們經過的路上，沿途漆上許多綠色的花紋，到處都裝飾著綠色的物品；這天人人結上綠色領帶，或是戴上綠色的帽子，甚至英國許多酒吧會在當天販賣加入綠色草汁或加上食用色素的綠啤酒，希望可以因此獲得幸運。

**四葉幸運草**

根據愛爾蘭的民間傳說，如果發現一株四片小葉的酢漿草會帶來好運，但如發現一株超過四片小葉的酢漿草則會帶來厄運。事實上能發現少見的四葉酢漿草是幸運的，但卻不一定能帶來期盼的好運，因為這種說法畢竟是一種迷信的行為。

## 26 「瑪尼堆」是什麼？

　　在青藏高原上，你常可以在毫無人煙的山丘邊或是危險山崖的角落，發現一堆怪異的白石堆，白石堆上掛滿五顏六色並寫上經文咒語的經幡和哈達，這種石堆就叫做「瑪尼堆」。

　　如果你仔細地觀察瑪尼堆上的瑪尼石，可發現石頭上面被刻畫上文字或是圖樣，石頭上的文字可能是「嗡嘛尼唄米吽」六字眞言的藏文，或是一小段經文；圖樣則可能是菩薩神佛的畫像，或是粗獷、柔美等風格不一的線條造型，現在的瑪尼石刻依舊是古往今來的宗教寄託，也是西藏藝術的特殊形式。

「瑪尼堆」到底是什麼呢？「瑪尼堆」正是藏區人民的宗教信仰產物，這裡的人民相信將石頭丟入「瑪尼堆」可以祈福，而順時鐘繞行「瑪尼堆」，也能消災。每逢吉日，人們會前往「瑪尼堆」上添加白色石頭，並神聖地用額頭觸碰石頭，將祈禱灌注於意念，將心中的希望、理想寄託在石頭上，然後將石頭丟向石堆。

　　經過瑪尼堆的遊客，千萬不可因瑪尼石的刻畫精緻美麗就撿回去作紀念，因為這些瑪尼石就像是祭給菩薩神明的供品。正因石頭只能丟入不准帶走，故「瑪尼堆」年復一年地堆高。位於中國青海省結古鎮的「嘉那瑪尼石堆」是世界最大的「瑪尼堆」，估計由二十億塊瑪尼石組成，形成長約兩公里的瑪尼牆，被許多朝聖者將此地視為一生必訪之聖地。

　　瑪尼堆上隨風飄揚的經幡也是有學問的，這種綁在瑪尼堆上的風幡一般被譯為「風馬旗」，除了瑪尼堆聖地以外，在許多地方也會張掛。

　　現在常見的風馬旗多由布製成，也有用麻紗、絲綢及土紙製成。風馬旗源於一種原始的祭祀文化，從動物靈魂的崇拜而來，被視為世俗與靈界的溝通媒介，象徵著天、地、人、畜的祥和。無論寺院、聖地、山川、民居等都可掛上風馬旗，牧民們會在剛搭好的帳蓬上掛風馬旗，求逐水草遷徙順利；朝聖者跋涉荒漠也會綁著風馬旗，祈求路程平安；當地人將風馬旗與生活周遭相互連結，藉由風馬旗祈求庇護。

　　風馬旗的造型很多，有方形、角形、條形等，通常為十至六十公分不等的長方形或正方形，連結成一串串色彩艷麗的旗條，

當風吹舞著印滿經文旗幟時，就像將願望傳送至天地間一般。

風馬旗的顏色分有藍、綠、紅、黃、白五色，五色亦代表五佛、五智、五蘊及五大元素等。在藏族心目中，藍色勇敢機智，代表不動佛及風大；綠色陰柔平和，代表不空成就佛及水大；紅色興旺剛猛，代表阿彌陀佛及火大；黃色仁慈博才，代表寶生佛及地大；白色純潔善良，代表毗盧遮那佛及空大。旗面繪有不同的動物造型，有飛馬、大鵬鳥、龍、獅、虎等動物循環出現，五色也代表著金、木、水、火、土五行生生不息。

風馬旗要掛在風清之地，好讓風馬旗能隨風飄揚。而供養掛置風馬旗的日子，可選擇藏曆的吉日懸掛。懸掛前在風馬旗上寫上祈福的人名、願望等等，一年之後要更換新的風馬旗，更換新的能量。甘肅、青海藏區有在隘口與山頂放飛紙風馬旗的習俗，並一邊唱藏族民謠，取悅天神。

風馬旗隨著藏民生活已久，不只祈福，在遇上有尊者圓寂時，家家戶戶亦會將房頂上的風馬旗斜放，由風馬旗傳遞致哀之意。而瑪尼堆在尼泊爾這些國家也有，下次有機會遇到聖地「瑪尼堆」時，別忘記挑顆美麗的白色石頭，將虔誠的心意獻給大地神祇。

## 27 為什麼荷蘭會成為「鬱金香王國」呢？

　　說到荷蘭，除了風車與木鞋，人們對它的印象就是一大片又一大片光彩奪目的鬱金香。其實荷蘭的花不僅有鬱金香，它是世界花卉的最大輸出國，輸出最多的是玫瑰花，其次才是鬱金香，第三名則是菊花，每年供應全球超過三分之二的花卉量。

　　據估計荷蘭國內有超過一萬公頃的土地種植鬱金香，每年出口約兩兆顆鬱金香球莖到世界各地，而在荷蘭的阿斯米爾還有世界最大的鮮花拍賣場，「鬱金香王國」非荷蘭莫屬。其中庫肯霍夫公園是世界最大的鬱金香花園，這裡種有各種球莖花卉如水仙花、風信子等。每年秋天，會種下七百萬顆不同花種的球莖，光是鬱金香就有一千多種；等到第二年春天，七百萬朵花將同時盛開，壯麗花海光是看照片就讓人目眩神迷了。

　　在荷蘭傳說有三位勇士不約而同地被一位美麗的少女吸引，勇士們為了贏取少女的歡心，各自帶著珍貴傳家寶來向少女求婚，三樣寶物分別是皇冠、寶劍和黃金。這位善良的少女不願意

傷害任何一位勇士，所以請求花神把她變成一朵花。這朵花的花朵長得像皇冠，葉片看來有如寶劍，球莖則似黃金，以此回應勇士們的熱愛，這花就是鬱金香。

美麗歸美麗，傳說也只是傳說，很多人都知道鬱金香是荷蘭國花，但鮮少人知道鬱金香也是土耳其的國花。原來鬱金香並非荷蘭當地的花種，而是從遠在中亞的土耳其國傳入，當時鬱金香是土耳其皇宮內種植的神祕花卉，有位使者來到宮廷看到這優雅美麗的花大為讚嘆，便開口向土耳其國王要求送他一些球莖，於是鬱金香就此傳入歐洲。

鬱金香的花語是：愛的告白、名譽、勝利、愛情、財富與美好的象徵，不同顏色的鬱金香還有許多不一樣的美麗花語。雖然鬱金香看來浪漫嬌嫩，就像是溫室裡的雅致花朵，事實上，鬱金香討厭肥沃的黏土壤，討厭溫室，它們喜歡寒冷的天氣，在排水容易的砂地長得更好。而荷蘭是個向海爭地的國家，許多土地都是海埔新生地，因此在荷蘭種植改良的鬱金香，花瓣竟然比原生土耳其品種大，花樣也更為複雜美麗，目前經培育出的鬱金香品種就有五、六千種，令人愛不釋手。

一八五○年法國文豪大仲馬寫了一本《黑色鬱金香》的小說，內容在描述一六七二年時，荷蘭政府以高額獎金鼓勵人民育種純黑色的鬱金香，園藝家比爾培育成功，卻因一場誤會入獄，友人幫忙種出純黑色鬱金香後，竟然又被鄰人偷去冒領獎金，令人不勝唏噓，這正是在描寫十七世紀有名的「鬱金香熱」。

## 28 你想試試大洋洲原住民的死亡跳嗎?

耳邊的風呼呼地吹,心臟碰碰地跳到最急速,全世界只剩下自己一個人,恐懼、腿軟、掉眼淚、哀求,一旦來到台上,是無法回頭的,你唯一的動作只能往下跳!跳入無底深淵,被地心引力強踢落下,再在盡頭處瘋狂回彈數次,最後像一條魚一樣被人倒拉起來,興奮自己還活著,這就是現代人所謂的「高空彈跳」。

高空彈跳是目前世界流行的極限運動,在許多人眼中是一種花錢自虐的遊戲,不過卻有人樂此不疲。許多到過紐西蘭南島皇后鎮旅遊的人,導遊都會詢問要不要來一趟刺激的難忘行程──「高空彈跳」,為什麼到了皇后鎮會特別幫遊客規劃高空彈跳的遊戲呢?

原來這裡有世界上首座商業化的高空彈跳場,在一九八〇年代,紐西蘭的海克特和艾希在皇后鎮附近的卡瓦勞橋首創了第一座四十三公尺的彈跳場。這個刺激的活動很快地掀起一陣熱潮,引起許多喜愛極限運動的年輕人注意,因為設備簡單,迅速風靡世界,人們為了追求刺激,還不斷尋找更高的彈跳場。不過卡瓦勞橋彈跳場只是第一個被開發出來商業地點,高空彈跳真正的起源是紐、澳地區的原住民。

傳說在澳洲北部海域有一座彭特科斯特島,當地的部落有個粗暴的國王,他時常凌虐自己的王后,有一日,受不了的王后趁著國王出門時逃跑,國王發現後,立刻尾隨追趕。王后逃到無路

可逃，只好往樹上攀爬，同時隨手抓
起樹藤偷偷緊綁在腳踝，國王
一路追趕妻子至此，一看妻
子在樹上不肯下來，也跟
著爬上樹想捉回妻子，
王后見自己已無路可
逃，便拉著國王的手
說：「如果你真心要
我回去，你必須跟我
一起從這裡跳下，那
我就承諾從此不再逃
跑。」國王一聽，應了
聲：「好！」即與王后一同縱身跳下，沒想到國王當場斃命，而
王后則因為樹藤懸吊在半空中，大難不死。

　　消息傳回部落後，男人們憤慨又不安，他們認為男人不該被
女人玩弄在掌心上，因此決議往後族內男子滿十八歲，就必須通
過成年禮的考驗，才能成為真正的男人，而成年禮正是為了向女
人雪恥，取回男人的尊嚴。從此，每年的四、五月期間，當地原
住民都會為滿十八歲的少男族人舉辦「死亡跳」的成年禮，成年
禮便是把樹藤綁在腳踝上，再從約十層樓高的高塔上跳下，成功
跳下的年輕人便可得到眾人認可，成為真正有膽識的男人。

## **29** 聖誕老人的故鄉在哪兒？

「叮叮噹，叮叮噹，鈴聲多響亮……」

每年到了十二月，歐美國家便呈現一片喜樂狂歡的氣氛，這股氣息將瀰漫一整個月，原因自然是迎接平安聖誕的來臨。除了宗教性活動使然，歐美已將聖誕夜當作是一家團聚的重要時刻，而且每個小孩都會期待猜想著今年「家裡的聖誕老人」會送什麼聖誕禮物給自己。

聖誕節在十二月二十五日，真正溫馨的慶祝時刻是二十四日晚上的平安夜。信仰耶穌的人會在平安夜裡溫馨虔誠地慶祝耶穌誕生，共同享用傳統食物，之後融入交換聖誕禮物的歡樂氣氛；沒有特別信仰的人，也會在這個特別的節日和家人歡聚。

相信很多人都知道，聖誕節的起源跟聖誕老公公沒有關係，聖誕指的是耶穌的誕生：

《聖經》記載聖母瑪莉亞處女受孕懷了聖子。天使在夢中告訴約瑟必須娶瑪莉亞，且將孩子取名為耶穌，意思是救世主。

當時統治羅馬帝國的凱撒亞古士督大帝為了清算戶籍，命令所有人回到出生地。當約瑟與瑪莉亞風塵僕僕地回到出生地伯利恆時，一時找不到居住的地方，大腹便便的瑪莉亞只好在旅店的馬廄裡生下耶穌。收到天使訊息的三個博士，前往伯利恆迎接聖嬰降世，他們在指示的位置看到聖嬰如同天使描述一般「包著布巾躺在馬槽」，於是驗證天使之說。後來，大約在西元三三六年

時，羅馬教會定十二月二十五日爲聖誕節。直到今天，世界各地不分教徒與否都會一起慶祝聖誕夜，孩子們尤其期待聖誕老人的到來。

提到聖誕老人，動畫電影《北極特快車》的內容就在描寫一個孩子乘坐北極特快車到達聖誕老人家鄉，影片中描述只有相信聖誕老人的人才能看到聖誕老人，你相信嗎？電影裡告訴你：相信不一定看得到，但是不相信一定看不到。

在這裡告訴你一個好消息：即使你不相信聖誕老人，你也可以到拉布蘭看他們。

「拉布蘭」位在北極圈，地屬芬蘭，是歐洲的最北部。「拉布蘭」多住著拉布蘭族，他們原來是芬蘭的少數民族，住在溫暖的南邊，但被入侵的「芬族」趕到北邊寒冷的地區，後來便定居在寒冷的北極圈附近。

拉布蘭族傳說聖誕老人居住在拉布蘭的山裡，而且美麗繽紛的北極光是天神為了聖誕老人而釋放的。每到聖誕夜，聖誕老人為了幫助人們完成心願，就會帶著禮物到各地去拜訪大家，這裡盛產的馴鹿便是聖誕老人使用的交通工具。

　　在拉布蘭的首府羅凡內米因著傳說建了一座聖誕老人村，這裡住有聖誕老人和馴鹿群，還有打扮得像聖誕老人的小精靈。村內有聖誕老人辦公室、聖誕老人郵局及一些小商店，在郵局可以寄封有聖誕老人郵戳的卡片給好友，在商店可以買到奇特有趣的北極圈禮物及聖誕老人紀念品。不管是大朋友、小朋友，來到這裡還可以參加精靈學校，取個精靈名字，玩玩遊戲，體驗聖誕精靈的生活。

　　特別的是，北緯六六點五度線正好穿越村內，只要兩腳一跨，就進入北極圈，常可以看到遊客一下跳進北極圈，一下跳出北極圈，形成非常有趣的畫面。

　　這裡是國際公認的「聖誕老人故鄉」，有一座開發不久的聖誕主題樂園，樂園裡一切都環繞聖誕節而設，布置得有如卡通世界，有聖誕老人故事的多媒體表演、木偶劇場、紀念品商店、餐廳等，包羅萬象的園區有許多高科技設備，讓遊客感受新穎。除此之外，在聖誕樂園和聖誕老人村之間還有新的馴鹿牧場開幕。牧場面積廣達三十公頃，遊客可搭乘看起來像火車的遊園公車接駁，體驗北極圈的風光，有機會還可見到神奇的極光。

　　既然聖誕老人居住在芬蘭的拉布蘭，如果要等聖誕老人聖誕節來送禮，不如親身前去拜訪他吧！

# 30 佛朗明哥舞為何如此狂野浪漫？

　　隨著輕快動人的強烈節奏，鮮豔打折的紅色荷葉裙襬在舉手投足間散發魅惑人的波浪，舞者挺胸縮腹翹臀，眼神挑逗，時而冷漠、時而優雅、時而自信、時而狂野，就像一朵朵充滿性感的帶刺玫瑰，又像姿態高貴孤傲的孔雀，這就是舞台上讓人目不轉睛的佛朗明哥舞（Flamenco）。

　　因為佛朗明哥舞現今已成為西班牙的國舞，所以許多人都以為佛朗明哥舞是西班牙人發展出來的舞蹈，也認為佛朗明哥舞就像西班牙人的熱情。事實上，佛朗明哥舞原是由浪跡天涯的吉普賽人帶進西班牙的！

　　吉普賽人是高加索人種，臉部輪廓深，眼珠黑又大，睫毛很長，皮膚黝黑，他們來自印度北部。吉普賽人的英文是「Gypsy」，是埃及「Egypt」的變形，因為歐洲人最初以為他們是來自埃及，才取了「吉普賽人」這個稱呼。後來因為「吉普賽」常被聯想到流浪漢、乞丐、小偷等等，充滿貶斥的意味，因此也有人稱吉普賽人的種族名「羅姆人」，下次有人提到羅姆人，你就知道他們正是吉普賽人囉！

　　除了求生存，不知道吉普賽人還為了什麼原因四處流浪呢？他們的足跡從印度到歐洲，一路向西，最後停留在歐洲大陸。

據說吉普賽人是擅長歌舞的民族，跳舞時喜歡用手、腳或使用響板打拍子，他們的節奏感及肢體語言就像天賦一般巧妙。

這個流浪的民族，在西元一四四九年來到西班牙，並定居在安塔露西亞。他們帶來了美妙而粗獷的流浪者音樂，一種節奏熱情奔放、沉緩時卻又隱含著哀淒情感的樂曲。因為一路流浪，所以曲子裡也沾染上沿途國度的地方色彩，加上安塔露西亞當地的猶太祭典演唱樂風，以及吉他的發展，種種因素促使佛朗明哥音樂風格逐漸形成，風靡無數人。

提到佛朗明哥，不可不提到被世人視為狂野放蕩的「卡門」。《卡門》是法國作曲家比才所作的歌劇，完成於一八七四年。《卡門》剛發表時並不受歡迎，因為卡門的形象放蕩，跟當時封閉的時代背景相衝突，但卡門的藝術價值在時代改變下被認可，在舞台上演出無數次深受歡迎。

《卡門》主要描寫相貌美麗而且性格倔強的吉普賽姑娘「卡門」的故事：卡門在菸廠作女工，她的美麗與嫵媚風情讓男人為之傾倒。軍人赫塞自願拋棄未婚妻，甚至拋下軍職陪卡門漂泊天涯走私貨物，然充滿浪漫天性的卡門又愛上英勇的鬥牛士艾斯卡米羅，在卡門為新情人鬥牛勝利歡呼時，赫塞一劍殺了卡門。

後人演出《卡門》時，便是以精湛的佛朗明哥舞來展現吉普賽女郎卡門的熱情與性感，佛朗明哥舞的節奏與舞蹈能在瞬間燃燒人們的視覺，就像卡門得美讓人目眩神迷。想學佛朗明哥舞得下一番苦功，畢竟要捉準佛朗明哥的節拍，就像要捉住吉普賽人愛流浪的心一樣的困難呢！

民族文化101問？

# 31 西班牙人為什麼要賣命鬥牛呢？

　　牛在印度象徵著富饒和仁慈，有著神聖不可侵犯的地位，而且公牛在印度文化裡是濕婆神的化身，印度甚至在一九五九年頒布了禁止屠宰牛隻的禁令。

　　可是牛在歐洲的地位完全不同。在西班牙國內約有四百多座鬥牛場，因此假日慶典有鬥牛活動一點都不希奇。有名的「奔牛節」從每年七月六日起為期一周，數千人們穿著紅衣跟牛在街上追逐，被他人或牛踩傷踩死的人比比皆是，然而大家仍趨之若鶩，引以為一年一度的大樂事！

　　海明威曾說：「鬥牛是死亡的藝術！」血腥刺激的活動容易勾起人們對暴力的激情。這死亡藝術的過程是十分考究的，鬥牛士從頭到腳都有規定，而且還有專門的鬥牛士學校來培訓鬥牛士，規矩甚多。例如，鬥牛士分為主鬥牛士與見習鬥牛士，見習鬥牛士只可鬥三歲以下、三百公斤以內的牛，正式鬥牛士才可鬥五百公斤左右的公牛。

　　鬥牛士從十六世紀就流傳下專門服飾、工具與武器，我們常可以看見鬥牛士拿著紅色的布向牛挑釁，這種布一面紅一面黃，是西班牙人喜愛的顏色，而這種紅布只有主鬥牛士才能拿。場中間的鬥牛士必須遵守許多遊戲規矩，包括上場時間約只有二十分鐘左右，只能刺殺鬥牛三刀，及其所使用的武器等等，一旁都有評判評審，不能馬虎隨便。

雖然鬥牛的起源已不可考，但可確定的是，歷史上人與猛獸搏鬥，是表現力量與勇氣的一種生存儀式；羅馬帝國統治的時代即有讓囚犯與猛獸搏鬥的遊戲，人民以此下賭注，以此尋歡作樂。

　　西班牙歷史記載鬥牛本來是貴族的戰鬥活動，牛隻必須是血統純正、具有凶猛攻擊性的野牛，牛的角也必須經過挑選。十八世紀後，波旁王朝的菲力五世認為鬥牛太過血腥野蠻，貴族時常因故傷亡，對貴族的生命損傷太大；因此鬥牛活動漸漸開放平民參與，陸續出現職業鬥牛士、鬥牛士學校，故鬥牛在十八世紀以後才真正建立規範，成為西班牙的傳統。

　　從前，能夠在鬥牛場上獲勝的鬥牛士，是西班牙人眼中勇敢的英雄。儘管鬥牛的過程緊張刺激，但一場全國的慶典下來不只鬥牛士受傷或死亡，還必須宰殺兩萬多頭牛，這個英雄之名得來不得不謂殘忍。今日鬥牛仍為西班牙重要的表演活動，而要不要殺死牛的規矩已隨著時代有些調整，畢竟僅是供人類享樂之用，不見得要牛也賠上性命。

　　西班牙的鬥牛現今一樣刺激地進行著，讓觀賞的人一顆心緊張得幾乎跳出來，人體腎上腺素分泌，迸發瘋狂吶喊的激昂情緒，身心再次解放，莫怪有人會迷上這樣「要命」的血腥遊戲。

民族文化101問❓

## **32** 印度人為什麼用手吃飯呢？

　　印度人用手吃飯，而且只用右手吃飯，因為他們認為用手吃飯是尊敬食物的表現！

　　印度人把身體的上下左右分得很清楚，上部清潔，下部污穢，右手乾淨，左手骯髒。他們以右為尊，吃飯、寫字、傳東西等都要使用右手；左手卑下，上廁所、做清潔工作等才用左手。所以在印度絕對不可以使用左手與印度人握手，或觸碰對方，這對當地人來說是非常不禮貌的行為，而且吃飯的時候，還必須把左手藏起來，或是擺放隱密一點。

世界上有四成人口直接以手取食，除了印度人之外還有伊斯蘭教徒，他們用手飲食的原因是食物由上天賜予，因此很神聖；以工具接觸食物不敬；且大眾用的容器不淨，只有乾淨的右手可以去取神聖的食物享用。

　　在印度對於「淨」跟「不淨」的基本區別在於加工與否，比如一塊完整的布是淨布，但這塊布如果做成衣服就變不淨；碗盤刀叉有他人用過，所以不淨，剩下的飯菜是不淨的，因此為了方便，印度人會找大片的芭蕉葉子盛裝食物或使用可丟的碗盤等。

　　在印度「敬」跟「不敬」也是問題，例如用手抓食物在宗教上是對食物尊敬，煮大眾飯的飯鍋因為不會沾到他人的口水，所以沒有「不敬」等等。

　　這些種種禁忌都是來自於印度人的「種姓制度」。

　　依據傳統嚴格的種姓制度，非同種姓的人彼此間不能互相有接觸，所以印度人不會隨便與人同桌吃飯，也不用別人的餐具。

　　使用刀叉筷子飲食的人，或許會認為印度人用手抓東西吃很髒，不過想想，我們也是用手在吃很多東西呀，像是漢堡、麵包、水果、壽司等，而且說不定我們在用手吃東西的時候，還沒有印度人衛生呢！

　　像印度人最愛吃「手抓飯」，他們吃東西的時候還有許多規矩，吃東西前，必須洗手、漱口；吃東西時只用拇指、食指、中指前三根手指頭，少用或多用都不禮貌，尤其「五指下山」更是一種貪心的行為表現，萬萬不可；吃完東西後，必須再將手洗乾淨並漱口。

　　印度人吃飯都用手，那遇到湯怎麼辦呢？

　　因為習慣使然，所以印度人的食物都不會準備很燙的湯類。印度菜大部分是做成糊狀，配合著烤餅一起沾或包著吃，滋味相當好；或是把米飯攪和在一起，用手抓起來吃。當然，如果有湯的話，就要準備湯匙了。用餐結束後，洗手水裡漂著清潔用的檸檬片和裝飾的花瓣，當然，只能清洗右手，不可兩隻手下去洗。

　　左撇子在印度也必須用右手吃飯、寫字，困難得自己克服，以前老一輩的人對於小孩子使用左手是相當不以為然的，一定會矯正孩子，所以在印度的左撇子可是辛苦啦！不過，印度的國父甘地據說也是個左撇子呢！

## 33 愛斯基摩人如何在冰天雪地中生存？

　　愛斯基摩人本身有很多族群，讓人驚訝的是他們生活在北極地區至少已經有一萬多年的歷史，在一八二五年之前極少受到過外界干擾，就像是地球上的外星人一般。很難想像，他們如何在一片白雪茫茫的極地中生存，這片極地往往只有零下五十度。

　　愛斯基摩人的名字是「Eskimo」，意思是「吃生肉的人」，在冰天雪地當中連雜草植物都難得一見，更別談米飯糧食了，所以愛斯基摩人演變出吃生肉、飲鮮血的飲食習慣，這種飲食方式除了因應當地的惡劣環境，還有先人累積下來的智慧結晶。

　　多年以前，有些初識愛斯基摩人的外人，覺得愛斯基摩人穿毛皮、茹生肉生血的行為很野蠻，時間久了才了解肉品經過烹調會使得營養流失，尤其是維持身體健康的維生素。如果生活在極地每天吃煮熟的肉，很快就生病了，愛斯基摩人藉著食用新鮮生肉及鮮血，從中獲得維生素，這是愛斯基摩人沒有得到壞血病的原因。

　　愛斯基摩人對於穿著很有一套，並不是指顏色搭配得多美，或是款式多麼流行，而是他們設計出來的衣物，是現今世界上最好的、又輕又保暖的防寒裝，因為他們不斷地在設想如何在零下五十度中還能夠行動方便，還能夠保持溫暖，還能不讓自己身上因潮濕而結凍？

　　愛斯基摩人將捕抓到的動物毛皮拿來製作衣服、帽子、鞋

子、手套等，最有意思的是愛斯基摩人發展出來的縫衣技術，愛斯基摩婦女把動物的腸子加工做成縫衣線。像是馴鹿的腸子是哺乳動物中最長的，有四十多公尺長，還有海象的腸子也是她們喜歡的材料，而縫衣針便是用動物的骨頭和牙齒磨成。

　　談到愛斯基摩人的住居，也是令人大開眼界。我們常以爲愛斯基摩人住冰屋，其實不然，大部分愛斯基摩人使用毛皮做成帳棚，只有約四分之一的愛斯基摩人會建築冰屋。

　　這套圓頂冰屋的建築技術不易學習，但在冰天雪地裡相當方便，一個會建築冰屋的男性，在一、兩個小時之內就可以蓋好一

座足夠讓家人溫暖睡一覺的房子，有多溫暖呢？愛斯基摩人會用當地一種富含樹脂的矮生植物作為生火燃料，生起火以後，室內溫度大概是零下十多度。

愛斯基摩人平常的活動是以獸力為主，他們喜歡使用狗拉雪橇在冰原活動，因為耐寒的狗兒可以在北極的戶外安然入睡。

居住在加拿大北部的愛斯基摩人，至今依然行著「搶親」的古老習俗。愛斯基摩人注重誠摯的感情，不講究結婚形式，有感情的男女發展到一定程度，男方給女方家蓋幢房子或者送給女方一套禦寒的衣服，女方家庭成員住進房子或者女方穿上衣服，就算確定了婚姻關係。

愛斯基摩人的婚禮日期多選在隆冬季節舉行，因為這段時間風雪太大，無法外出捕魚、打獵。婚禮當天，男方會偷偷隱藏在女方家附近，製造機會，將女方「搶走」。如果婚禮選在夏天，男方可以鑽進女家，擄走新娘，即使新娘假裝不從，家人也會視而不見。之後會舉辦一場簡單的飲宴，新郎、新娘叩拜長輩，大夥吃一頓魚肉飯、喝一碗魚湯，盡情跳舞，累了，婚禮就宣告結束，客人各自離去。

愛斯基摩男性在婚後很照顧家庭，疼愛孩子，平時照顧妻小，努力獵食，逐食物而居，過遷徙流浪的生活，與寒冷繼續對抗。不過，二十世紀以後，愛斯基摩人的生活方式亦隨著文明的介入而逐漸改變。

## 34 「男左女右」所為何來？

「男左女右」在東方是約定俗成的傳統習俗，一般東方人結婚，男生會將婚戒戴在左手，女生則將婚戒戴在右手。有別於西方男女都戴在左手的無名指，因為古羅馬人認為左手無名指的血液直接通往心臟，將婚戒套在無名指表示最接近對方內心。

即使現今戴婚戒不再那麼講究男左女右的位置，不過在東方可以時常見到男左女右的禮俗，例如看手相時，會強調男左女右；夫妻一同出席正式場合，位置也要男左女右；宗教活動裡，若有需要也是男左女右等等；甚至有夫妻在家睡覺也要求男左女右的位置。男左女右，似乎已成了規矩。

男左女右的學問可以追溯至中國遙遠的神話傳說。傳說中華民族的始祖盤古死後，身體器官化為日月星辰、四極五嶽、江河湖泊及萬物生靈。左眼化為日神，右眼化為月神，日神是伏羲，月神是女媧，這兩位上古之神被認為是中國人的祖先，左為男，女為右，在這個神話中已被初步界定出來。

中國古哲認為，宇宙中有陰陽，一切事物都是由陰、陽兩力互相對立，互相聯繫貫通。是以自然界的事物有男女、大小、長短、上下、左右等等，而男、大、長、上、左是剛強的「陽」；女、小、短、下、右則屬柔弱的「陰」。

中國古代皇帝面南背北而坐，南尊北卑，而皇帝的左手邊是象徵尊貴的東方，右手邊是次之的西方，文左武右，表現「尊左」的習俗。

中國自古「男尊女卑」的觀念很深，以至於現在有人批評「男左女右」的沿習是很深的歧視，因此有許多人不以為然，畢竟現代的女強人甚多，誰願意被貼上低下的標籤呢？

千佛崖位於嘉陵江古棧道石櫃閣旁，從唐朝建立至今約有一千五百年的歷史，當中便有象徵女皇武則天的佛像；左邊是武則天女皇，右邊才是丈夫高宗李治，從這樣反傳統的排列或可推測——武則天也不接受「男左女右」、「男尊女卑」的傳統習俗。

巧合的是，「男左女右」不僅是中國傳統習俗，也是國際禮儀。國際禮儀中，男士和長輩或女士一起走時，應該走在長輩或女士的後方或左方；男女同行時，男士應該走在女士左方，或靠馬路的一方，以保護女士的安全。所以在國際禮儀中也遵守「前尊、後卑、右大、左小」的原則，但是這是基於禮貌的理由。

如此看來，「男左女右」本身並沒有錯，有問題的是其中暗渡陳倉的「男尊女卑」想法。

## 35 麻將的別名叫什麼？

　　香港人請客設宴的時候會擺上幾桌麻將，讓早到的賓客可以先聯誼消遣一番；中國人過年期間沒有在麻將桌上摸個八圈，就不像過年的氣氛；華人留學生去到國外讀書也不免有空湊成一桌「交流文化」。麻將這種賭術遊戲，在中國人的眼中除了好玩，也是一種藝術，可以說有中國人的地方就有麻將。

　　打麻將的學問可以寫成一大本書，不管是由來、禁忌還是玩法都有一套規矩，其中鬥智的刺激滋味是遊戲當中的人才能領會。

　　麻將的由來有很多說法，有說是從「馬吊」而來。

明代馮夢龍著有《馬吊牌經》書中記載，馬吊牌也稱「葉子戲」，由四十葉紙組成，有十字、萬字、索子、文錢四門，前門畫水滸人像，後兩門畫錢、索圖樣。之後，人們逐漸將紙牌改成耐玩的竹塊、骨塊之類的材質，內容也做了些改變。例如原來的四十葉變成萬、索、筒三門主牌，有一○八張牌。之後，再加上中、發、東、南、西、北方位字及花牌等等，最後演變出一四四張牌。

　　有一派認為麻將以一○八張為基數，就是暗喻《水滸傳》中的一○八條好漢。相傳元末明初有個名叫萬秉迢的人，非常推崇施耐庵筆下的梁山好漢，所以在遊戲中摻入了《水滸傳》的故事說法。

　　另有一派則認為，麻將牌起源於江蘇太倉，是因「護糧倉」而產生的遊戲。太倉在古時是皇家糧倉，因為囤積稻穀，所以引來非常多的雀鳥。

　　守倉兵士捕捉雀鳥，倉官還會給予獎勵，發給竹牌刻字記錄，後來演變出「麻雀牌」的遊戲，其中的筒、索、萬都是武器的變形，筒的圖案是彈子的圖樣，幾筒表示幾發彈子。索即繩束，以細繩捆串鳥雀，所以「一索」圖案是鳥，「二索」看起來像竹節，表示鳥雀的腳，官吏驗收時以鳥足計數。萬，即賞錢。

　　另外，東、西、南、北為風向，彈子發射時要考慮風向。中，即打中，故塗紅色。白，即以白板表示沒打中。發，即得賞發財。

　　碰牌的「碰」，即在指槍聲。而胡牌的「胡」，為「鶻」鷹，有高強的捕鳥本領，鶻來了就抓到麻雀，每局牌勝時就喊「鶻」。

除此之外，麻將中的「吃」、「槓」等術語幾乎都能與捕捉麻雀聯繫起來。

麻雀牌後來叫做「麻將牌」，因為太倉方言的「鳥雀」就叫做「麻將」，「打鳥」或者「打麻雀」也就是稱「打麻將」，所以麻雀牌也叫「麻將牌」。

牌戲是一種起源很早的遊戲，中國的麻將起源眾說紛紜，最早從宋朝就有相關的遊戲方式記載。難以確定何者起源為真，但是麻將流傳至今，有其固定的遊戲模式，也因為區域略有變化，例如香港麻將及日本麻將都打十三支，台灣麻將打十六支，其中胡牌有各種計算方式，計台也有規定。

一個遊戲有明白清楚的遊戲規則，又具有挑戰性，才得以順利流傳。打麻將可以是種藝術，可是打麻將如果牽扯到大量金錢輸贏，引起投機分子迷戀的心態，就反而變成一種名譽不佳的賭博遊戲。十賭九輸，小賭怡情，但是大賭一定傷感情，有空玩一玩可以幫助頭腦運轉，但沉迷於賭博則是萬萬不可。

## 36 真正的黑森林裡藏著超大咕咕鐘？

　　德國黑森林位於德國西南角和
法、瑞相接的和緩高原，黑森林
裡種滿樹木，是一片綠得黑亮
的濃鬱森林。

　　提到德國南部的黑森
林，大家第一個反應往往是
想到美味可口、整塊黑亮的
「黑森林巧克力蛋糕」！是
的，有名的正宗黑森林蛋糕
的確起源於此，不過，看到
當地的黑森林蛋糕可能會讓你
驚訝不已。

　　因為南德的黑森林蛋糕是沒
有巧克力的，正宗黑森林蛋糕的
主角是鮮奶油跟黑櫻桃，不只黑櫻桃的
分量要夠多，連鮮奶油都要打入足夠的黑櫻桃汁才能稱得上是
「黑森林蛋糕」，否則可淪為竊取黑森林名號的仿冒品呢！

　　此地除了黑森林蛋糕的名氣之外，已有三百年歷史的咕咕
鐘，更是黑森林結合藝術跟工藝的特產。

　　咕咕鐘多被製成黑森林木屋的樣子，每到半點或是整點時，木屋的小窗就自動打開，從裡面滑出一隻小布穀鳥，發出悅耳的「咕咕」聲報時。

　　黑森林裡有一座世界最大的咕咕鐘，實是一整棟木屋本身就是一座鐘。因為許多人喜歡來這裡旅遊，而又愛買咕咕鐘回去作紀念，所以這裡的人索性造一座跟木屋一樣大的咕咕鐘來標示其濃厚的民俗特色。

　　在計時器發明之前，人們觀察太陽的方位及日晷影子來判定時間，細部的時間會使用「脈搏」、「沙漏」或是「蠟燭」來估計，當然這些是很不方便又容易出錯的計時方法。

　　現今，人類製造出最精密的原子鐘，保持的時間準度為十萬年到三十萬年誤差小於一秒。而在人們追求科學的計時方法的歷史中，一二八三年才發明出第一座以砝碼帶動的機械鐘，咕咕鐘的機械運作也與此類似。

　　機械式咕咕鐘的原理，是利用鑄鐵鑄成的黑松果重量來當作動力，最初三顆松果的機型，左邊是音樂的動力，中間是時間行走的動力，右邊是咕咕鳥叫的動力。當黑松果懸在空中時，代表有動力，時間正在計時；當黑松果下降到低點時，代表沒有重力，咕咕鐘就會停擺，此時，使用者需握住空鏈條往下拉，使黑松果升至高處產生動力。

　　此後，陸續有人改革時鐘的設計，直到一六五六年荷蘭科學家惠更斯才設計出世界上第一台鐘擺式時鐘，也就是從一六五六年開始，人類正式進入更準確的計時國度。

黑森林咕咕鐘的計時雛型在一六四〇年就已經被製造出來，原來是由於德國黑森林冬季漫長，農人在閒暇之餘，以木頭為材料做出許多機器及工藝品。當時有一對庫茲兄弟，在他們的工作坊裡研究出可以計算時間的小型機械時鐘，促使黑森林咕咕鐘因此而發展出來。

　　一七五〇年時，法朗安頓‧凱特爾先生運用風箱設計出類似布穀鳥的叫聲，結合在時鐘上，變成特有的黑森林咕咕鐘，完成後迅速受到大眾的喜愛。

　　用黑森林精選的木材手工雕製而成的咕咕鐘，刻工精美，來自祖傳的手藝。精品線條流暢，畫面立體，人物栩栩如生，充滿童話色彩和當地居民的生活風情，成了遊客眼中的藝術品，報時功能淪為次要。因為機械式咕咕鐘必須上發條，常常需要調整，誤差時間在兩分鐘以內還算正常良品。

　　德國人和許多喜歡浪漫的歐洲人不太一樣，特別重視「紀律」、「守法」、「守時」的觀念，許多人對於德國人的第一印象都是嚴肅謹慎。而所謂德國式的守時是連早到都不被接受的，參加活動禮貌上也得要提前數天預定通知，不管去哪裡不預約就會吃上閉門羹。

　　有機會去黑森林跟大咕咕鐘拍張相片，除了咕咕鐘可愛，也會覺得自己在時間的世界裡顯得更渺小。

## 37　阿拉伯數字是阿拉伯人創造的嗎？

世界各國數字的寫法有很多種，目前國際上通用的是阿拉伯數字：0、1、2、3、4、5、6、7、8、9。其實，阿拉伯數字並不是阿拉伯人發明的，而是古代印度人在西元三世紀時創造的，但是原先流傳的形狀跟現在不太一樣。

很久以前，原始人類沒有數量的概念，在文字誕生之前，人們最先進的計數方法就是用石子、泥丸、沙粒、樹枝或者貝殼等實物來表示數量的多少。

像中國遠古時代以結繩記事，或是西周時代就開始使用的「算籌」，但中國早期沒有「0」的符號，遇到需要使用「0」時，就空一格，如此很容易發生誤會。

　　東方人的算盤起源時代眾說紛紜，然很確定是來自於中國，而且推測是由「算籌」發展而來。算籌是古時的計算器，平時收納在木盒，多用竹或木製造，形狀像現今的筷子，體積大小不盡相同；一般一根代表「一」，五根代表「五」，「六」則只取兩根，互擺成垂直狀，也就是超過五以後，以垂直的一根代表五，以此類推。

　　羅馬數字目前仍使用在許多鐘錶的盤面上或者某些編號中：Ⅰ、Ⅱ、Ⅲ、Ⅳ、Ⅴ、Ⅵ、Ⅶ、Ⅷ、Ⅸ、Ⅹ、Ⅺ、Ⅻ，這些符號分別表示一至十二。羅馬數字有七個基本數位記號：Ⅰ、Ⅴ、Ⅹ、Ⅼ、Ⅽ、Ⅾ、Ⅿ，分別表示1、5、10、50、100、500、1000，羅馬數字在早期歐洲曾經使用一時。

　　最初，印度人計算也是刻劃一些橫線在石板上，一橫表示1，二橫表示2等等，後來改用樹葉或樹皮作為書寫材料，為求筆劃方便，便順勢把一些筆劃連起來，例如：把表示「二」的兩橫連成「2」，表示「三」的三橫連起來「3」。除了方便使用，印度數字之所以能夠流行於世界，是因為其中有最重要的數學觀念「0」，這是其他許多國家的數字都沒有的符號。

　　數學家們很高興能夠發現「0」這個概念，並創造出其代表符號，可是當時的羅馬教皇卻因為「0」，而嚴禁使用阿拉伯數字。

　　約在西元八世紀時，一位羅馬學者發現了數字「0」，他很興奮地把這個描述空集合的具體符號介紹給大家。然而羅馬教皇知道後，大發雷霆地表示：「神奇的數字是上帝所創造，而上帝創造的數字中並沒有『0』這個怪物，所以使用『0』就是污辱上帝！」為此，引進「0」數字的學者的手還被用刑廢掉。

　　可是你知道想要以羅馬數字表示「2789」，要怎麼寫嗎？答案是「MMDCCLXXXVIIII」。

　　說到印度數字傳播的故事，大約要回溯到西元八世紀時。

　　彼時有一位印度數學家攜帶著自己所寫的數學書籍和天文曆表，隨著駱駝商隊，來到阿拉伯的首都巴格達城。這時，中國的造紙術正好傳入阿拉伯。於是，他的書籍被翻譯成阿拉伯文字，印度發明的數字也隨之傳播到阿拉伯各地，被很多人認識。隨著東西方商業的往來，西元十二世紀時，這套方便的數字符號由阿拉伯商人傳入歐洲，很快就被大眾所接受，且歐洲人還以為這是阿拉伯人發明的數字，從此將錯就錯，稱作「阿拉伯數字」。

　　最先的印度數字跟現代的阿拉伯數字形狀不太一樣，經過一千多年不斷改變，到了十六世紀初期，這些數字已經萬流歸一，跟現在的寫法一致。

　　由於印度數字所採用的「十進位制記數法」有許多運算優點，因此快速傳播到全世界，被世界各國所通用，它除了是數學計算的共通語言，也是促使科技快速發展的主要原因，現在的電腦程式也是運用「0」跟「1」的概念所寫成的。

## 38 踢踏舞為什麼上半身不動呢？

「舞王」、「火焰之舞」、「大河之舞」都是著名的國際踢踏舞碼，舞者身體挺直少動，手部自然垂下，足步動作快速轉換，具有特殊的風格。而且不管是獨舞的腳步變換，或是群舞整齊劃一的動作和腳步聲，踢踏舞的磅礡聲勢都讓人目不暇給，震撼視聽。所以這些劇團每到一處公演，就在當地掀起一陣學習踢踏舞的熱潮。

大家一定很好奇踢踏舞起源於哪裡吧？它起源於在大英聯合王國，不過不是現在紳士翩翩的英國，而是十六世紀時的愛爾蘭，愛爾蘭人是個載歌載舞的特色民族。

英國主要分為英格蘭、北愛爾蘭（南愛爾蘭已獨立）、蘇格蘭三大地理區域，各有各的民俗風情與舞蹈特色。早期愛爾蘭島被英格蘭政權統治時，為了根除愛爾蘭的文化，英格蘭禁止愛爾蘭穿著傳統服飾、慶祝傳統節日、彈奏傳統樂器等。因此許多愛爾蘭家庭，為了將傳統的音樂及舞蹈延續下去，便以腳打拍子，以嘴哼唱模擬音樂，代代傳授傳統音樂及舞蹈。

文化難禁，在英格蘭統治期間，愛爾蘭人為了不讓巡查的英格蘭軍隊從窗戶發現大家正在進行傳統聚會，所以發展出上半身不動，只有下半身舞動著愛爾蘭舞步──吉格舞。直到十九世紀末，愛爾蘭的文化活動才得以再在公開場合表演，傳統藝術才再度公開傳承。

　　二十世紀初，一些愛爾蘭人移民美國後，將吉格舞帶到新大陸，成為「踢踏舞」。藉由表演，踢踏舞逐漸為大眾所知，而且因為踢踏舞的節拍輕快迷人，舞步有挑戰性，許多人一起表演時聲勢驚人，凡是欣賞過的人都嘖嘖稱奇。

　　踢踏舞的發展相當多元，進入美國後，經過許多舞者的創新，像是融入非洲舞步及節奏，以及增加腳步變化等等。歷經近百年的發展，美國式的踢踏舞與傳統愛爾蘭踢踏舞分為兩派，形成不同的風格。

踢踏舞的形式開放自由，沒有太多限制。舞者不注重身體的舞姿，而是炫耀腳下打擊節奏的複雜技巧，他們常常聚在街頭互相競技。長期的發展下，踢踏舞受到許多舞蹈的影響，例如爵士舞、佛朗明哥舞；也受到各種節奏的影響，比如說美國西部牛仔的風格、黑人傳統吉鼓等等。其中最大的影響應該算是爵士樂。

踢踏舞吸收爵士音樂的節奏、即興表演等元素，自娛娛人，更加開放且具有挑戰性，在演變之下形成十分豐富的舞蹈形式，發展出代表美國「黑人」的踢踏舞流派，而黑人天生的絕佳節奏感在詮釋踢踏舞上更是迷人。

著名的表演影片《大河之舞》中的踢踏舞，聚集了所有踢踏舞的流派：愛爾蘭踢踏舞、美國黑人踢踏舞、百老匯踢踏舞以及西班牙的佛朗明哥舞等，值得一看。

**踢躂舞鞋**

踢踏舞鞋最初是以木鞋為主，直到一九二○年左右才有在鞋底加上鐵片的作法。而在鐵片加上去後，就成了踢踏舞的特色，使踢踏舞成了少數可以用來聽的舞蹈，舞者著重以拍手及踢踏雙腳發出如同打鼓一般的節奏，光是聽舞者踏擊節奏的輕重緩急，就相當有趣。而一個好的踢踏舞者，不管是多快的節奏，多複雜的舞步，多輕的聲音，都能清清楚楚地完成。

# 39 布吉納法索是「正人君子之國」？

世界真的很大，說地球村還是太瞧不起這個世界了。

在遙遠的其他國度，還有太多不為世人知曉的事物，而這些文化可能會令一般人大為驚奇，且難以理解，甚至是眾所皆知的荒謬迷信；可是在他們的世界裡，那些我們覺得不起眼的事物才是真實存在的。

二〇〇三年有位「非洲阿福」凱博文森經由向台灣醫療團求助來台灣變臉，文森的右半邊臉患有嚴重的神經纖維瘤，不止影響到他的生活，視力與聽力也受到影響，他的國家一年只收成一次作物，不只家裡貧困，國家也貧困，他來自「布吉納法索」。

當地盛產一種「乳油木果」，可以榨油製為滋潤乳液及護理霜，被法國知名保養品牌稱作「來自西非神祕的果實」。這種美容聖品原產價非常便宜，可是經過法國工廠加工處理後，就變成非常昂貴的保養品。

布吉納法索的建國歷史約有千年，它位於西非內陸，境內大小種族六十多個，人口約有一千兩百萬人，主要種族是摩西族，占人口總數的一半，語言以法語及摩西語為主，在西非地區算是人口眾多的民族。

「布吉納法索」是當地土語，「布吉納」意思是正人君子，「法索」表示先人之國，所以「布吉納法索」，意指「正人君子之國」，因為當地人民以老實勤奮出名。

在布吉納法索，每個種族都有他們各自崇敬的聖物，他們喜歡製作比實物還巨大的鳥類與走獸面具，因為他們相信祖靈可以在動物的身體中得到安息。圖騰動物多以鱷、龜、蛇等為主，乃族民尊敬的聖物，該族的人絕對不可以殺害或買賣，甚至這些動物進入家中，也不能驅趕。布國人認為，趕走崇敬的動物或對其不敬，會招來厄運。

女性在布國是繁衍生命的象徵，許多種族的女人不能殺生，因此遇到需要宰殺牲畜的事情，就必須由男人操刀。

　　布吉納法索有一半人民都信仰伊斯蘭教，男人可以娶四個老婆，而且還可以打自己的老婆們，當老婆的不能反抗。男人會在自家土地用土磚建造傳統屋舍，方型的部分由一家之主的男人居住，其他大小不一的圓形茅草屋頂的房舍，才分給各個老婆及小孩居住。這裡的女人絕對不可以送皮帶給男人，因為送了，男人就可以用皮帶打她。男人也絕對不送鞋子給女人，因為送鞋意味著女人可以跟其他男人離開。

　　在布吉納法索很多工作都禁止在晚上做，像打掃或磨穀物，他們相信在晚上做這些事會引來厄運。最特別的是，有些種族規定種樹者不可在他種的樹下乘涼或吃那棵樹的果實，否則那棵樹就會變成不死樹，種樹的那個人也會離奇消失。所以在林蔭茂密的地方，村民拒絕在雨季時工作，要不就是乾脆砍光樹，避免厄運降臨。

　　這裡有很多種族認為，「母雞」和「雞蛋」是神聖的，尤其白色的雞或雞蛋象徵著新生的純潔生命。因此要是有棘手的爭議發生，仲裁者就會威脅要打破雞蛋，表示爭執雙方其中一人將會死亡，基於對信仰的恐懼，很多爭執就因此和平落幕。另外，有些民族則相信，如果朝樹丟雞蛋並大喊某人的名字，那個人就會遭到雷劈，還有懷孕的女人也不能吃雞蛋，要是吃了，生出來的小孩就會變得又聾又啞，日後還會變成小偷。

　　有這麼多奇特的民俗，這個君子之國真是以奇特的方式在發展文化！

# **40** 斯里蘭卡為何要成立大象孤兒院？

　　斯里蘭卡原名錫蘭，西元前六世紀時，印度的亞利安王子比智雅王來到此地建立國家。斯里蘭卡人認爲他們是獅子的後裔，所以國旗上有獅子的圖像，當地還有一座著名的獅子崖，被聯合國列入教科文保護。斯里蘭卡國土最北端與印度距離僅四十多公里，這裡是一座島，過去曾經有人說斯里蘭卡是印度的眼淚，因爲在地圖上看起來就像是一滴從印度滴下來的淚珠。會有眼淚的說法，大概也是因爲自古南印度就一直侵略斯里蘭卡的原因吧！

　　斯里蘭卡人生活步調緩慢，生活壓力小，所以斯里蘭卡被視爲渡假勝地。來到斯里蘭卡旅遊不要隨便點頭表示同意喔，因爲在斯里蘭卡點頭是表示不同意，表示拒絕，所以去到那邊大概會不知要點頭還是搖頭吧！

　　斯里蘭卡自古即以大象作爲文化圖騰，大象象徵著智慧跟慈悲心的展現，所以大象在斯里蘭卡人心目中具有崇高的地位。斯里蘭卡絕大部分的人都信仰小乘佛教，大象是佛教盛會「佛牙節」遊行的主角。每年此時挑選出來的大象會被裝飾得十分亮麗，在萬人簇擁下，馱著裝有佛牙舍利的銀盒，遊行遶境，神聖風光。

　　早在三十多年前，斯里蘭卡就爲無家可歸的幼象修建了世上第一所「大象孤兒院」，拯救失去父母的小象。之所以會有大象孤兒，其實也是因爲人類戰爭和濫獵的結果。斯里蘭卡的人民雖然和善，但是在此地也存有反叛軍，兩方戰火僵持不下，使得大象

在戰火中遭到殺害，再加上曾經有英國貴族在此濫獵，森林又遭到砍伐，斯里蘭卡的大象數量因而從上萬頭減少至只剩兩、三千頭，政府才注意到這個問題。

斯里蘭卡總統因此下令設立委員會，專門照顧那些流離失所的大象。而那些遭到大象騷擾的村民也必須報告當地警察，不能自行將大象驅趕或殺死。

大象孤兒院收容許多雙親在叢林中死亡的孤象。目前，生活在孤兒院中的七十多頭大象都受到仔細的照顧，這所孤兒院定時開放給遊客參觀，經過訓練的大象除了可以幫忙工作，還可以表演節目，為孤兒院募捐。而且為了日後可以再度野放，人們不能

太寵小象，也不能讓小象在孤兒院住太久，否則會失去野外生存的能力。

近年來，大象孤兒院成為當地著名的旅遊景點，旁邊一家造紙公司也熱門了起來。這家造紙公司專門「就地取材」，將大象的糞便收集加工製成紙張。大象製成的紙類產品還外銷日本、歐洲和美國，十分受歡迎。

因為食用棕櫚葉跟椰子，所以大象糞便裡含有大量纖維，一公斤象糞可造六十張左右A4大小的紙張。大象糞便製成的紙產品不僅沒異味，而且紙張十分精緻細膩。創辦以來，造紙公司每天處理兩噸象糞，規模從最初的七人增加到現在的一百三十人，生意蒸蒸日上，供不應求。

斯里蘭卡一直飽受內戰之苦，雖然窮困，卻擁有全世界唯一的「大象孤兒院」。若你到斯里蘭卡旅遊，當地有很特別的象糞再生紙筆記本，也有精緻的大象木雕，千萬別買象牙而淪為殺象幫兇。

# 41 毛利人跳舞為什麼要吐舌頭？

毛利人是紐西蘭的原住民，毛利人人口數約占紐西蘭總人口的百分之十二。他們最早居住在亞洲，西元三世紀時向南太平洋的玻里尼西亞群島沿途散播遷徙，約在十三、四世紀時在紐西蘭定居，目前有七個族群分布在紐西蘭的北島和南島上，各自發展著自己的民族文化。

毛利人的文化豐富，富有特色，而且欣賞毛利人唱歌跳舞眞是一種享受，不僅風格獨具，只要看過的人一定可以分辨出來。

毛利人也跳草裙舞，但是跟夏威夷草裙舞不一樣。毛利人的草裙，或許該稱爲「葉裙」，是由一根一根的葉捲串起來的，每一根都是由一片完整的葉子曬乾捲曲製成，晃動時會發出窸窸窣窣的聲音。

毛利人本身膚色棕色略黑，喜歡將嘴唇塗成黑色，因爲他們傳統上認爲黑色是尊貴的顏色，塗上黑色口紅很美麗，而且黑色的口紅在毛利人跳哈卡（Haka）舞時更具震撼效果。

「哈卡」是毛利男性的戰舞，男人在臉上畫漩渦狀的刺青，加上瞪目吐舌，有時大聲呼喝，有時發出嗤嗤怪聲，舞蹈動作粗獷有力，手持武器還會互拋對擊，叮噹作響，極盡所能地虛張聲勢，嚇阻敵人，顯得凶猛威勇，不只是小孩會嚇哭，連大人都會嚇一大跳呢！

毛利人的吐舌形象在紐西蘭的毛利文化村中時常可見。他們做的圖騰上，喜歡把人像比例做成小孩一般高度，而且圖騰很多都是吐著舌頭的樣子，因為毛利人認為吐舌凶狠的樣子可以把鬼怪嚇跑。毛利舞蹈很有趣，毛利人的肢體語言也在其中展露無疑，吐舌頭的動作在戰舞中很常見，有威嚇恫阻的涵意，而且，傳統上只有毛利男性可以吐舌頭，女性是不可以吐舌頭的。

　　毛利舞除了哈卡舞，主要還有棒子遊戲、行動歌曲和波依舞（Poi Dances）。

「棒子遊戲」在以前原是男性爲了打仗鍛鍊身體靈敏度而做的練習，大家互拋棒子、雜耍棒子，現在演變成有趣的舞蹈，男女都可以表演；「行動歌曲」是邊唱邊跳的舞蹈，舞者主要的動作是不斷地抖動雙手，毛利人的觀念認爲抖動雙手有助於凝聚能量並可專心，行動歌曲的曲調多很夢幻優美，就像是海邊輕拍的浪潮一般連續不斷，而且諧和好聽。

相對於哈卡舞，波依舞是女性的舞蹈。跳波依舞時，女性舞者的胸前會掛著兩顆毛利球，球看起來比棒球大一些，原始的毛利球是用馬藺草包裹石頭做成的，俐落的舞者一次可以耍弄四個毛利球，主要把球快速甩圈，將小球有節奏地上下舞動，左右繞行，在空中劃出變幻多端的優美弧線，加上舞者婀娜多姿的搖擺，讓觀眾眼花撩亂，掌聲連連！

有趣的是，女舞者可能會故意「出槌」，將球甩拋出去，爲什麼呢？因爲這時陪在舞台後方搖搖擺擺附和演出的男性舞者，就可以趁機出來英雄救美，故作雄壯又偷偷摸摸的姿態，到舞台前幫忙撿回毛利球，爲心愛的女孩化解危機，當片刻喜劇英雄，通常觀眾看到這樣的畫面，都會由驚訝轉爲會心一笑。

## 42 印加人為什麼視「金」如命？

傳說在南美洲有個「黃金國」部落非常富有，每年在當地的湖畔舉行宗教慶祝儀式。

酋長在黎明破曉時分，先用油膏塗抹全身，再噴上黃金粉末，從頭到腳看似由藝術家雕塑出來的黃金藝品，金碧輝煌。這個全身塗滿金粉的酋長因而被稱為「黃金國王」。

接著酋長和部落的祭師乘竹船划向湖心，隨行的人不斷地把各式各樣的黃金器皿朝湖心丟擲，以祭祀神明。最後酋長會全身浸泡在湖水中沐浴，用特殊的藥草擦拭身體，身上的金粉就掉在水裡，以此金粉當做對太陽神的獻祭。世人都愛黃金，財不露白，否則容易惹來殺身之禍，「黃金國」的故事便是如此。

在海權時代，西班牙人循著黃金國傳說，往南美洲的雨林深處探險，沿途擄掠古印加帝國，逼得愛黃金的印加人將大批的黃金，倒入喀喀湖。後來西班牙人在今日哥倫比亞首都波哥大附近發現傳說中的「黃金國」——奇布查部落，並將之洗劫一空。

西班牙人大舉劫掠，長期之下，整個南美的寶藏幾乎被搶奪殆盡；加上盜墓者不斷侵盜印加人古墓，挖掘黃金、寶石、古物等陪葬物品，更使得寶貴的歷史黃金文物幾近絕跡。

有鑑於此，哥倫比亞國家銀行為了避免這些印第安文化遺產繼續流失，便在一九二九年在首都波哥大的桑坦德廣場成立了號稱全世界黃金文物藏量最豐富的「黃金博物館」，收藏了將近二萬

六千件從西元前二世紀到近代的黃金收藏藝品，不過這個博物館在一九五八年後才正式對外開放，戒慎恐懼地保護著「金庫」。

哥倫比亞盛產黃金有幾千年歷史，被譽為「黃金之國」，而波哥大則是傳說中「黃金國」的中心，是有名的「黃金之都」。

哥倫比亞黃金博物館是目前世界上收藏最多黃金的博物館，陳列內容大多是古代印第安人製作的金器。這些黃金展品，大體可以分為三類：一類是日常用品，如壺、杯、碗、盤等；一類是裝飾用品，如耳環、項鏈、手鐲等；一類是奇特或宗教雕刻品，如姿態各異的男女、動物、面具等。展品精緻玲瓏，質樸素雅，

展現當時人們的生活、才智和藝術水平。

印加帝國是十一世紀時的古帝國文明，「印加」一詞在印第安語意即「太陽的子孫」，印加人對太陽有著特別深厚和神聖的感情。帝國版圖約含括今日南美洲的祕魯、厄瓜多、哥倫比亞、玻利維亞、智利、阿根廷一帶，首都設於庫斯科，帝國的重心區域分布在南美洲的安地斯山脈上。古印加人擁有許多金和銀，他們認爲金是「太陽的汗水」，銀是「月亮的眼淚」。

印加帝國的文化遍及南美，是南美洲共同的資產。在祕魯，每年從六月二十四日開始，在連續九天的「太陽節」舉行著「太陽祭」。他們讚譽自己的國家爲「太陽之國」，稱向日葵爲「印加魔花」、「太陽花」。印加人相信自己是太陽神的後裔，珍視黃金，尊敬黃金，西班牙入侵者卻將許多工藝品融化成爲了金錠，成了「太陽的淚水」。

## 43 南非科薩族行完割禮後必須自己吃掉？

　　割禮這種習俗起源於猶太教，《聖經》創世紀中提到猶太人在出生後第八日行割禮。因為第八日是新的七日的第一日，表示在復活裡重新開始。

　　割禮實際上也是履行與上帝之立約、確定猶太人身分、進入婚姻許可範圍的一種標誌。不過舉行割禮習俗的人並不侷限於猶太人，也不限於男子，而是盛行於世界很多少數民族的少男少女之中。在非洲五十多個國家中，約有三十多個還在實行割禮。其中，肯亞、烏干達、蘇丹等國家，大約有百分之八十的男女實行過這種手術。

　　在猶太教中割禮是一種發誓立約的記號，而在其他地方呢？出身科薩族的南非總統曼德拉在他的自傳中，對於十多歲剛成年時只有幾分鐘的割包皮成年禮留有深刻的記憶，他寫道：

　　「在我回過神的時候，那個為我行割禮的老族人已經蹲在我的面前，他的身手矯健，快得像是由不同世界的力量控制著，一句話也沒說，他就抓著我的包皮往前一拉，接著，一瞬間，隨著他的長矛起落，我突然覺得好像有一團火球從我的血管直衝腦門。」

　　在割刀之下，一個個科薩族少年的包皮剎那就被割掉，過程正如同南非總統曼德拉一般，即使痛徹心扉，行割禮的少年絕對不能叫痛，否則會被族人取笑一輩子。

　　不過這種原始成年禮，由於操刀的族人多未經過手術訓練，

且未經麻醉消毒，割禮之後也只在動刀的部位敷上傳統草藥。因此，在南非每年就有幾十個人因為感染併發症而意外致死，也有數百人因割禮而造成身體缺陷。

　　隨著時代變遷，割禮的儀典也有些改變，以前未經消毒的長矛可以連續割幾位少年的包皮，然現在由於愛滋病氾濫，已經改為一個人用一把刀。但是，不管怎麼改，成年人行割禮的痛苦還是令人不堪承受。

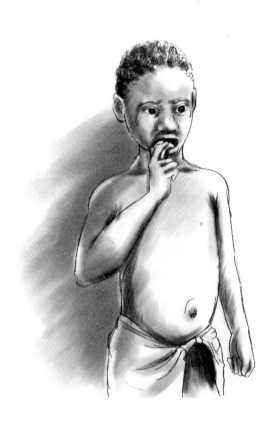

　　科薩族行完割禮的少年必須留在一棟行割禮的小屋等待復元，以往時間大概是數個月，但是因爲現代必須上學，所以縮短時間爲數星期。更難想像的是：割下來的包皮必須由自己吃下去。因爲科薩族人認爲，如果你將自己的包皮扔掉，惡靈會找上你，置你於死地，走不出割禮小屋。對這種自古流傳的說法，科薩族沒有人敢懷疑。於是，他們都留在行割禮的小屋等待復元，同時也跟著長者學習成人男子應該要做到的事情。

　　在這裡，沒割除包皮的族人將永遠被視爲小孩，且長大後也永遠得不到族人對成人男子應有的尊重。

　　聽起來割禮很可怕，但是世界上最可怕殘忍的成年禮，乃存在於盛行女子割禮的東非和北非民族！

　　一些盛行女子割禮的非洲民族在女子成年時用傳統的切割刀片切割女子的陰部，再用一般針線縫合，有的地方甚至更落後。而且這種手術沒有所謂的麻醉，器具也未經過消毒，不人道且殘忍的作法，使得非洲許多女性受到極大的傷害！不只是感染、破傷風、陰部潰爛、膀胱炎，還有將來生產時將面臨的種種問題，害死了許多非洲女子，因此這個可怕的陋俗一直被許多人權團體抨擊！

　　從一九七九年開始，才有人重視這個問題，由非洲婦女組織在世界衛生組織的幫助下，逐步在許多地區通過了立即廢止的法令。然而，當地有女子割禮習俗的許多民族，往往根深蒂固地認爲女子未受割禮是沒有人要娶的，所以短期之內移風易俗的成效是不得而知的。

## 44 祕魯人跳舞為什麼要拿剪刀？

　　祕魯安地斯山區中南部有一種傳統舞蹈「剪刀舞」，舞者手持似剪刀的兩條鋼片，互相敲擊發出聲響，演出高難度的跳躍、翻滾等雙人競技的舞蹈，演出精采絕倫，有像霹靂舞般的舞姿令人眼花撩亂，鏗鏘的聲響也讓觀賞者心情為之振奮。

　　祕魯屬於印加古國的區域，尤其是安地斯山附近，這裡曾經住著一群蘊含豐富文化的民族。他們衍生出神祕而又傳奇的古老文化，因為地理位置的限制，令世人增添了許多浪漫的想像，這裡曾經深深信奉太陽神，有太陽祭、太陽舞，還有令人嘆為觀止的人文遺產。

　　在祕魯五百多種傳統舞蹈中，有一種富有特色的國粹舞——「剪刀舞」。剪刀舞過去流傳在安地斯山南部、阿亞古丘及利馬一帶，據估計現在會跳的人只剩下約三百多人，成了名副其實的國寶。

　　剪刀舞在祕魯是師徒相授的舞蹈，老師父就像個父親，因為剪刀手舞者從小及必須開始習舞，讓有智慧的剪刀舞老師陪伴成長，並接受傳統宗教儀式，體會與大自然密不可分的韻律、生活經驗。初學者必須花三天三夜的時間待在大瀑布中，親身觀察、體會大自然的一〇五種元素，學習的過程十分辛苦。

　　舞者拿在手上的剪刀，原本是用石頭磨成的兩片石塊，互相敲擊產生節奏，但在西班牙殖民後引進鋼鐵並加以改良，就變成

現在鋼片的形式。

　「剪刀舞」是一種競爭式的舞蹈，舞者彼此挑釁，主要在表達強而有力的精神、志氣，進而表現生命的力量及希望。

　它之所以會稱為「剪刀舞」，是因為舞者手持兩支各重一公斤的鋼片交叉敲擊，看起來像一把剪刀。剪刀敲擊出的節奏與腳步動作都要配合豎琴與小提琴彈奏的音樂。兩片鋼片分有公、母，只有在很細心的聆聽下才會發現兩支鋼片的聲音不同，聲音略略沉重的是公的，較清脆的是母的。

敲擊鋼片不是隨便敲擊便可擊出正確的聲音。要練會剪刀敲擊的節奏與腳步動作配上音樂，至少需要三個月以上的密集練習，而且每支鋼片一公斤，沒練過的人要久拿還真吃不消。

每位舞者的師父會為每個人不同的特性取一個別號，取自大自然的事物。因為剪刀舞跟自然元素息息相關：水、太陽神之父、大地之母、空氣，都與剪刀舞的舞蹈精髓緊緊相扣，剪刀舞的音樂也模仿大自然裡動物、植物、風等其他生態的聲音。

在重要的節慶中，剪刀舞者因著當時的氣氛發展出多特技動作，或是把竹籤或銅絲插進臉頰表演來驗證自己的能力，這樣的演出跟乩童似乎有異曲同工之妙。

剪刀舞的傳統服飾，背心上的太陽、鳥、花、樹、星星和月亮等與自然有關的圖騰，背後都有其民俗意義；舞者服飾大部分都是金銀繡花，帽子很大被稱為「老鷹之翼」，腳穿顏色十分鮮豔的長毛襪，這些都是印加文化的傳統特色服裝。

剪刀舞最大的祭典是「水節」。安地斯山這邊的居民崇敬水，為水舉辦慶典，剪刀舞會會在慶典上連續跳一整個星期，其間從早到晚只有休息一個小時，一個部落接著一個部落，有上百種變化不同的剪刀舞樂，還有精采豐富的舞步，非常具有民族特色。

民族文化101問❓

## 45 中秋節為何要吃月餅？

日本稱中秋節為「月圓節」，每年農
曆八月十五及九月十三兩天都是，節日
當天孩子們結伴去野外採集象徵吉祥的
植物裝飾家門，迎來幸福；晚上全家聚在
大院子裡拜月，以秋收的瓜果、米團獻祭給月亮，
然後分食。有些地方會舉行神社祭典，鹿兒島一帶村民以前還穿
戴麥稈編結的傘狀帽裙跳舞。

韓國人稱中秋節為「秋夕」，過秋夕比過其他節日還要盛重，
一般都放假三天，家家會食傳統糕餅並互相饋送，而且城裡的人
都會回到自己故鄉。小孩子在「中秋節」要穿新衣，回家鄉與家
人團聚，家裡會準備豐富的傳統美食，晚上則一邊賞月，一邊舉
行拔河、摔跤競賽比賽，或觀賞歌舞表演節目，
像是扇子舞、太極舞等。

對韓國人而言，這是感謝一年收成
的日子，跟中國人過中秋的起源不一
樣。韓國人認為中秋節是重要的傳統
節日，他們在這
天團圓祭
拜祖先，
這個節日

在韓國也已受到教科文組織列爲文化保護的節日。

台灣人將中秋節視爲重要節日。

傳說一千六百年前，東晉在南京建都，鎮守牛渚的謝尚在月夜泛舟牛渚江上，聽到有人在船上諷詠謝尚自己所寫的《詠史》詩，聽了以後大爲讚賞，於是邀請來人過船，此人即是袁宏。兩人一見如故，吟詩暢敘直達天明。當時謝尚身爲鎮西將軍，而袁宏只是個靠船爲業的窮書生，袁宏因受到謝尚的讚譽，從此名聲大振。

此後文人雅士便愛相約泛舟、登樓賞月。中秋之夜，南京人更必賞月，闔家賞月稱「慶團圓」，團坐聚飲叫「圓月」，出遊街市稱「走月」，這是跟賞月活動相關的起源。

後來更有唐明皇於八月十五夜遊月宮的傳說，民間更把八月十五這一天作爲中秋賞月日，其他地方的人們也開始在八月十五之夜登樓觀賞滿月，而當時還沒有月餅出現。

宋朝已經有中秋糕餅的食用紀錄，文人蘇東坡就曾寫有「小餅如嚼月」的詩句。不過當時的月餅只是中秋節當天食用的點心，與現代月餅並不相同，其糕餅的大小和形狀不一，差別甚大，且什麼花樣跟名目都有。

人們在中秋節這一天製作或買賣糕餅，除自己吃外也贈送親友，以表達團圓和祝賀之意。

元朝末年，政治腐敗，漢人受到蒙古人的歧視，於是朱元璋率兵起義，反抗元朝的暴政，雖然他多次想發動大軍攻城，卻沒有成功。後來，朱元璋藉由送月餅來通知城內的人民起義，在糕

餅內包藏字條分贈民眾，紙條寫著「八月十五夜起義」之類的字，於是民眾紛傳響應，到了那天晚上，京城百姓和朱元璋的軍隊裡應外合，一舉將元軍打敗。

明洪武元年（西元一三六八年），朱元璋在應天府（今南京）登上皇帝大位。八月初二，大將徐達攻下元大都，消息傳來，朱元璋高興得傳下口諭，在即將來臨的中秋節，讓全體將士與民同樂，並將當年起兵時以祕密傳遞資訊的「月餅」，作為節令糕點賞賜群臣。從此，八月十五這一夜人們便大肆慶祝起中秋節，除了舉家團聚吃月餅，戶外活動也很多，有市集走月、登高賞月、燃香祭月，傳講著「嫦娥奔月」、「吳剛伐桂」、「玉兔搗藥」的神話故事，並競放水燈等，可謂熱鬧非常。

演變至今，在台灣烤肉、吃月餅已變成不可或缺的傳統習俗。「月餅」製作越來越精緻，品種口味更多，大者如圓盤，小的可放在掌心，有各式材料內餡，現在還有霜淇淋麻糬口味，都是互相餽贈的佳品。

風俗隨風飄散，互相影響，所以不只日本、韓國有中秋節，包括泰國、印尼等，還有許多地方也過著中秋節，雖然慶祝意義不一樣，但是團圓的寓意已經成為慶祝中秋最大的元素。

## **46** 如何在羅馬許願池前許願？

常聽人說義大利有三
多：俊男美女多、雕像遺
跡多、教堂多。義大利是
文藝復興的主要地區，去
到那兒就是參觀古文化、
教堂和古蹟，且光是要細
細品味首都羅馬，一年半
載都讀不完。

羅馬是一座歷史的大
殿堂，有兩千五百年的歷
史，曾是歐洲全盛時期的強國之都，雄霸一方。在羅馬幾乎處處
都像露天博物館，莊嚴古典的建築如羅馬競技場、君士坦丁拱
門、萬神廟等等，在在讓人驚嘆古羅馬帝國當年到底是多麼壯大
強盛！

羅馬除了有宏偉、充滿歷史印痕的古蹟，精緻的藝術品更是
分布在空氣之中。而且羅馬人不知為何特別喜愛噴泉，大大小小
有三千多座噴泉，光是市內就有一百多處經過設計的噴泉造景，
果然不負羅馬藝術之都的美名。

在眾多噴泉中，有名的幸福噴泉是羅馬最後一件巴洛克風格
傑作，原名為特雷維噴泉，傳說會帶給人們幸福，是教皇克里門

七世命令尼可拉索夫設計建造，耗費三十年才完工。這裡是膾炙人口的老電影《羅馬假期》的場景之一，更是許多遊客必訪之處。

池中以高大的石坊爲背景，由石柱與圓形拱門架構成海神宮。巨大的海神騎在一輛由海馬所拉的兩輪馬車上，美麗的人魚和雄壯的神馬，神態生動，彷彿就要從噴泉裡衝出來，四周環繞西方神話中的諸神，每座雕像神態都不一樣，栩栩如生，諸神雕像的基座是一片看似零亂的海礁。噴泉的主體在海神前面，泉水由各雕像之間、海礁石之間湧出，流向四面八方，最後又匯集於一處。造工驚奇，讓人讚嘆！

幸福噴泉有一個傳說，使得慕名而來的遊客絡繹不絕。

傳說只要背對著幸福噴泉，往左肩方向將硬幣投入噴泉的池子內，許下的願望就會實現，但第一枚硬幣許下的願望必須是再回羅馬，第二枚硬幣許下的願望才會靈驗，所以幸福噴泉又被稱爲「許願池」。

每個來到許願池的人們都會想要許個願，見到池底白花花的各式錢幣，就可以得知人們的願望是無窮無盡的。

而來觀光的人那麼多，每個人都丟錢進去還不滿出來？不用擔心，這裡有專人在處理池中硬幣，撈起來的硬幣會作爲羅馬市政建設，也會用作紅十字捐款等等。既可以許願又可以做善事，有機會前往許願池許願時，記得第一個願望一定要許：

我還要再回來羅馬！

## 47 為什麼雪梨奧運以「迴力標」為標誌？

　　澳洲雪梨在西元二○○○年時主辦了每四年一度的世界奧運會，主辦世奧會除了花費金錢，更要花費許多心思。其中當年度代表澳洲的「雪梨奧運二○○○」標誌便是以澳洲原住民手持迴力標為樣本而設計的概念，因為這是澳洲「土產」的運動。

　　澳洲是個生態特殊的國家，獨有無尾熊、袋鼠、鴨嘴獸等動物，還有許多特別的人文景觀，是南半球最重要的觀光勝地之一。

　　澳洲起初是英國流放罪犯之處，第一批歐洲人進入時，當地約還住有三十萬的原住民，在經過白澳政策之後，現在自然是白種人居多，原住民只剩十多萬人。

　　大洋洲裡的原住民大多以南島民族為主，可是澳洲的原住民血統卻與其他南島民族不同，人類學家認為這是一支獨立發展的新幾內亞人種。而澳洲的原住民和台灣的原住民一樣，分裂成很多的小部族，約有五百個小族，分別擁有自己的語言和文化。

　　澳洲原住民喜歡唱歌、跳舞，也有紋身的傳統，但他們是繪紋，而非刺青，原住民會在面頰、肩上與胸部塗抹色彩，遇上節慶便在全身塗滿顏料，不同的顏色有不同的意思，還有很多像是象形文字的符號。

　　原住民們特別喜歡畫畫，澳洲有許多原住民的「畫」，像是樹皮畫、地面畫、岩石畫，都是充滿神話與想像的藝術作品。還有

些原住民男性專門喜歡在身上描繪花紋,將赤裸的身上畫得五彩繽紛。

　　這裡的原住民還有一些特別奇怪的風俗,如與有血緣關係的人結婚。某支原住民中還有一種「相岳母」的婚俗。小男孩會被媽媽帶去相親,相的是未來的岳母,如果雙方同意,便可訂下婚約,等到未來的岳母懷孕生下女兒,就是男孩的未婚妻。

　　這些特殊習俗讓人驚嘆,在澳洲白人眼中卻是十分野蠻,所以有好長一段時間這些原住民幾乎被趕盡殺絕,飽受歧視。澳洲政府在一九三〇年代實行「白澳政策」,名為協助原住民接受教育,實際上卻強行將原住民小孩帶離家鄉,送到一千五百公里外

的白人訓練營裡，強迫小孩們接受白人文化及教育，欲滅絕原住民文化。

這些被帶走的孩子成為失落的一代，前程沒有更好，在白人社會依舊難以生存。直到一九六七年，原住民才正式被澳洲政府承認為澳洲公民，開始有投票權。澳洲原住民與澳洲白人政府的恩怨情仇難解，所以澳洲政府也逐漸改變策略，一方面改為幫助原住民適應現代化生活，一方面鼓勵他們保留傳統文化，減少原住民的怨恨。

綜合許多原因，原住民的「迴力標」也因此登上二〇〇〇年奧運的旗幟上。

迴力標是原住民們用來獵捕動物的武器，可以精準地打中跑得飛快的小動物。主要是當地原住民們不懂得畜養家禽、家畜，所以只能以狩獵動物和鳥類為生，這也是因為他們的生活環境惡劣，為了求生存形成的獨特文化特色。

在推測之下，最有可能是從丟擲樹枝中發現的，可能有人在丟擲直角型的樹枝時，意外發現有迴力的效果，慢慢改良而變成今日的迴力標。

原住民製作迴力標的材料主要以木材為主，也有金屬製的。他們將木片削成類似直角尺的形狀，中間外側彎折的部分削成弧形，這樣的結構在丟擲出去後能在空中畫一個弧形後落回原處。製作完成後也會在上面作畫，作為裝飾。這種原住民的狩獵方式現在已經演變成一種運動的形式，使得愈來愈多的人熱愛玩迴力標。

## 48 日本太鼓是什麼？

　　鼓這種歷史悠久的世界樂器，存在世界的每個角落，即使是許多最原始的部落自古即有，而且不管形狀結構如何，鼓所擊發出的「咚！咚！咚！」聲音似乎有種奇特的魅力，可以勾引心臟跳動的節拍，牽引著人的心神。

　　「日本太鼓」顧名思義就是日本鼓，亦稱為「和太鼓」；現今「太鼓」已經是日本鼓表演方式的專有名詞。

　　現代鼓一般多只有用在伴奏，可是日本人將太鼓組合成陣，陣裡有大大小小的太鼓，可以只有一面大鼓，也可以同時有數十面一起表演。太鼓陣透過各種組合，將鼓的聲音極致發展，加上搭配各類絲、竹、人聲，再融合擊鼓者的肢體動作，讓觀賞者為之震撼。

　　日本太鼓的起源已不可考，但普遍認為最早應由中國佛教的法器發展而來。佛教法器——鼓——象徵佛的聲音，在日本民俗中發展出屬於日本文化特有的「太鼓」，古代日本人用太鼓來驅趕疾病及妖魔，農民在農閒慶典或迎神祭天時也會擊打太鼓作為慶祝的祭典。太鼓有吉祥之意，所以不論是在皇室、戰爭、能劇、慶典活動或是宗教寺廟裡，都可以發現太鼓的蹤影。

　　日本民俗藝能上有所謂的「鬼太鼓」，這是一種戴上惡鬼面具，邊跳著勇猛舞蹈、邊強力擊鼓的太鼓舞，意在驅逐妖魔、祈求豐年，現在日本新潟仍有許多村子還保有鬼太鼓的祭典。日本

西北石川縣的能登半島也流傳著「御陣乘太鼓」，這也是戴著鬼面具舞太鼓的活動，不過，這是當地古代農民爲了要嚇走來攻擊村子的敵人而發展出來的太鼓陣，現在已融爲當地的民俗文化。

現代我們觀賞到的太鼓已經過創意改良，日本有名的太鼓團隊有「鬼太鼓座」、「鼓童」、「太鼓道」等，數量非常多，許多太鼓團隊爲日本傳承下太鼓文化，還在世界各國巡迴表演，讓其他國家的人也認識到太鼓的震撼之美。

最早將太鼓推向國際舞台的隊伍是「鬼太鼓座」，「鬼太鼓座」跟「鬼太鼓」沒有直接關係，「鬼太鼓座」的團長改良太鼓的形

式，以思考及回歸本心為出發點，帶領團員超越日本文化及自身的設限，將太鼓推向身心靈的國際世界。

從一九七五年在波士頓一場馬拉松讓世人發現他們之後，至今平均每一年在世界各地約有一百五十多場的表演，平時「鬼太鼓座」進行嚴格的身心靈修練，集合耐力與美藝於一身，甚至還曾經閉關過五年。

在每回完成馬拉松跑步之後，「鬼太鼓座」的表演者必須馬上登台表演，這樣的方式就是他們的「走樂」修行。「鬼太鼓座」最出名的一戰，是曾經花三年時間以馬拉松跑步方式環繞美國巡演。他們自一九九〇年自紐約卡內基音樂廳首演後，花三年跑了一萬五千公里，其間有三百多場演出，最後再回到卡內基音樂廳完成最後一場演出，創下輝煌紀錄。

太鼓掀起一陣風潮後，許多人也想要學打太鼓，商人的腦筋動得很快，馬上設計出太鼓電玩，在百貨公司或是有娛樂電玩的地方都會擺上「太鼓達人」的機台。或者你也可以買一組使用PSII機台組成的太鼓在家裡玩，選一首自己喜歡的音樂，配合著響亮的配樂，跟著螢幕上快快慢慢的節拍打鼓，自得其樂也鼓舞心情。

**太鼓的製作**
日本太鼓種類多達二十多種，基本上，太鼓的作法是把一整塊的欅木挖空，再在周圍釘上拉得緊緊的生牛皮，有的大太鼓可以做到直徑約兩公尺寬的鼓面，最大的鼓重達五百公斤，聲音低沉如雷，震撼人心。

## 49 宋江陣的由來是怎樣？

　　每當有人提起「逛廟會」的時候，總會令人聯想到寺廟前鑼鼓喧天以及擠著看熱鬧的人群，而台灣的民俗藝陣，是迎神賽會儀式中，信眾酬謝神明不可或缺的禮儀，也是活動的高潮之處，激昂威武的表演，令許多人爭相一睹風采。其中由最多人一起表演的陣頭就是「宋江陣」。

　　「宋江陣」是一種利用拳術、器械、兵器及行軍和陣法混合應用的武藝表演，可說是國術團體的集體表現。它將國術團練武的成果，在迎神賽會中向居民表演。這種表演配合鑼鼓伴奏成一種「拳舞」，在大規模的神明遊行時，國術團沿途表演；團員全身輕裝，手執各式古代武器，由一旗手領先，兩人一排，在鑼鼓聲中行進。行進中表演的武功有單打、雙打，亦有全體對打，演的動作，優美而有力，與鑼鼓配合，如同舞蹈一般。宋江陣陣頭現在不只是民眾酬神、安排在慶典之

中的民俗技藝表演，它還成了台灣文化的印痕。

宋江陣頭一出現，廟會的氣氛馬上就被炒熱起來，而宋江陣也分有多種流派，例如：平埔宋江陣是由於平埔族人爲抵抗高山族出草殺人，挺身自衛的前身，如今農民不需學武自衛，但依然可健身思古。路上宋江陣是彰化地區路上厝的陣頭，他們利用農務閒暇時，操演流傳三百年的宋江陣，可是因爲被要求發誓不可傳外庄人，至今爲止幾乎消失。

宋江陣一度式微，幸有民間耆老默默保留，之後被政府注意到後才得以保護及復興。其中高雄縣內門鄉有「民俗技藝陣頭故鄉」之稱，擁有全國最多、最完整的宋江陣頭，是目前全國保存最多藝陣團體及相關藝陣文化的地區。每年還固定舉辦「內門宋江陣嘉年華」，是台灣十二大節慶活動之一。近年還被邀請至外國巡迴表演。

宋江陣傳說起源於南宋，兵荒馬亂之際，由民眾裝扮成將軍或各種身分的官兵，各提著刀槍、棍棒等兵器，搭配鑼鼓表演。目的在於演練武藝，強健體魄，也是農閒活動，團結一心。

宋江陣的陣頭，隨著時間的更替，約有數種起源說法：

一說相傳從《水滸傳》一〇八條好漢的故事附會而來，是宋朝的黑三郎宋江爲操練兵眾所設計的陣式，分有團體跟個人的武藝表現。也有傳說是少林武學實拳一派，與少林的單套拳、獅陣、劍獅同時留傳下來。

不過絕大多數的人都認爲台灣的宋江陣，是明末鄭成功操練部隊，保衛海疆的操練術；以《水滸傳》中赫赫有名的宋江作爲

形象，把眾兵將塑造成替天行道的「好漢」，影響民間對革命義士的尊崇與景仰。

原始的宋江陣相傳由一百零八人組成，以喻道教三十六天罡、七十二地煞的天地說法。然而今日真正的宋江陣卻沒有一百零八人的隊伍，因為宋江陣師傅認為一百零八人為不祥之陣，可能因為梁山一百零八條好漢皆死於非命的緣故。

現今社會型態改變，民間宋江陣的演練也越顯困難，別說一百零八人的大陣組合不易，就是七十二人的陣仗也不易組成，因此現在多以三十六人組成的陣頭為主。

台灣現有的宋江陣兵器有頭旗、雙斧、杈、月牙鏟、鉤、雲南斬馬刀、齊眉棍、雙刀、關刀、盾牌與短刀、鐵棍、傘等，這些武器多是農村時代人民生活中普遍使用的器械，可以看出農閒操兵的端倪。

宋江陣的陣形變化，主要分為四個部分：（一）雙人套招：打圈陣形中有蜈蚣陣、五花陣。（二）三人連環套招：打圈陣形有七星陣、龍捲水陣。（三）單人和對打表演：包括個人武術、兵器表演，雙人赤手　對打、赤手對大刀。（四）八卦陣形變化：梅花陣、發彩、巡城、排城、破城、跳中城、黃蜂結巢、黃蜂出巢等等，名目甚多。

他們的服飾只要是輕便，易於耍刀槍的均可。臉上不一定有臉譜，若有之，則每人的臉譜完全不一。宋江陣有純粹男性的陣頭，也有女性組成的陣頭，即便小孩子所組的陣頭、男女混合的宋江陣亦常見。

## 50 天空中的龍鳳如何「箏」祥？

　　放風箏是一項有益身心的活動，最早的風箏是由古代哲學家墨翟製造出來的。《韓非子》一書上記載著，墨翟居魯山（今山東一帶）斫木為鷂，三年而成飛一日而敗。是說墨子研究了三年，終於用木頭製成了一隻木鳥，但只飛了一天就壞了。墨子製造的這只「木鷂」就是中國最早的風箏。

　　唐宋時期，由於造紙業出現，演變出紙糊的風箏，傳入民間，成為人們的娛樂。明代時人們盛行在清明節時放風箏，各地放風箏的說法略異，有圖吉祥、放晦氣之意，不過都是求福。

　　中國風箏古代名為「紙鳶」、「風鳶」、「木鳶」、「鷂子」等，會有「箏」之名是因為五代時，李鄴在紙鳶頭上裝上竹笛，隨風吹動，嗡嗡作響，有如箏聲，才得「風箏」之名。到了宋朝，風箏已在民間廣泛流行；以後隨著國際交往的增加，中國的風箏也流傳到世界各地。

　　山東濰坊是著名的風箏產地，濰坊當地人做風箏歷史悠久，風箏主題不管是動物或是人物都唯妙唯肖。清朝時，製箏技術已達鼎盛，濰坊有固定的風箏市集，此地流行的風箏手藝高超、花樣不斷翻新，有一般的簡單風箏，也有一節節的長型風箏；風箏上的圖案更多，像是動物、人物、神話、小說等等。

　　風箏藝術是一套別具特色的傳統工藝美術，民俗文化對風箏影響甚巨，包括詩詞、戲曲都是風箏圖樣的主題，所以風箏的演

變及發展與社會文化相互結合。

　　動物是風箏題材的主要對象，天上飛的，地上爬的，水裡游的，或是神話中的，無所不有，尤其有吉祥寓意的動物更是箏上嘉賓，例如：龍、鳳、麒麟、鶴、孔雀、鷹、鴛鴦、蝴蝶、魚、獅、蝙蝠、十二生肖等。麒麟送子、仙鶴延年、每種動物都有其特殊的典故，尤其龍與鳳更是中華文化流傳悠久的祥瑞之物。風箏中「龍」和「鳳」的出現，正是人們對龍、鳳這類吉祥圖騰崇拜的展現。

龍是江海之王，是掌管雨水的神，騰雲駕霧，炎黃子孫便自認為是龍的傳人，龍更被過去社會視作皇權的象徵。崇拜龍文化，從中國人上古神話中，把黃帝的形象和龍聯結在一起後即沒有變過。

鳳則被認為是美麗的百鳥之王，古有百鳥朝鳳的說法，是帝后的象徵。傳說，鳳凰出則雷霆不作，風調雨順，天下安寧；鳳善歌舞，性高潔，只棲梧桐棲，只食竹實，給人帶來吉祥幸福。因此，鳳成為人間祥瑞。

「龍」與「鳳」既出，天下安寧，當龍鳳在空中飛翔的時候，也代表人們祈求來年風調雨順的心情。

風箏不只是小孩玩的遊戲，許多國家都有風箏節。放風箏也講究技術，不熟練的人只能對著風箏苦笑不已。

有空或心情煩悶或可去海邊放放風箏，挑一隻自己喜歡的風箏，讓鍾愛的風箏飛到空中，學古人把不如意的事放走，把吉祥的氣接回。

## **51** 歐洲的「薑餅之城」在哪兒？

薑是一種溫暖的香料，寒冷潮濕的冬天可以喝一碗黑糖薑湯幫助手腳暖活，熱騰騰的薑母鴨也是許多人冬天的補品，咖哩中也可放入薑汁提味，印尼出產一種軟薑糖很多人喜歡……

在東方，薑是常見的辛香料，運用十分廣泛；但是薑在西方料理的使用頻率不高，用法也跟亞洲不一樣，薑餅屋反而成了最有名的薑點心。

為什麼會有薑餅屋這種東西呢？

相傳，歐洲在十字軍東征時代，「薑」是昂貴的進口香料，因此只捨得將薑使用在聖誕節、復活節這樣重要的節慶。

在大雪紛飛的寒冷天氣裡把薑汁加入蛋糕、餅乾中增加風味，除了香氣四溢，還有驅寒的功用，使點心成為節慶中最溫暖美好的回憶。久而久之，薑餅就成了與聖誕節有關聯的點心。後來，歐洲開始有人專賣薑餅，隨著不同的季節提供不同形狀的薑餅。

英國人還為薑餅增添傳奇，流傳著未婚女子在聖誕節吃下薑餅，就能遇見理想的伴侶。賦與了聖誕節的氣氛之後，薑餅很快就廣為流傳，成為聖誕節應景的點心。歐洲許多國家的家庭都在這天製作各種形狀的薑餅給孩子吃，放入聖誕襪中當小點心。

你知道「薑餅之城」在哪個國家嗎？——英國？美國？都不是。如果告訴你，答案是德國的紐倫堡，你會否覺得很意外呢？

　　紐倫堡人讓人驚奇佩服。因為在第二次世界大戰的時候，紐倫堡曾被聯軍轟炸得體無完膚，可是今日當人們來到紐倫堡觀光時，竟然可以看到街上歷史悠久的建築物與藝術精品，而且依然完好如初！這究竟是怎麼一回事呢？

　　原來，紐倫堡的居民早知道戰爭可能會帶來的後果，所以沒等到炸彈來轟炸，他們就先把珍貴的藝術品都收藏好，還用堅固的泥土材料全部封好，等到戰爭一結束，居民立刻重建市容，而且使用的建材要求跟原來一樣，即使不一樣也要求相近。加上一些設計跟改進，他們重建了近百棟的古建築，把廣場中的雕像、噴水池等的設計全部復原，就像我們所知道的德國人那樣有效率且一絲不苟。

在重建城市時，紐倫堡人還一併建設了一條連接德國境內萊因河、緬因河和多瑙河的夢想運河，因此紐倫堡更多了一個運輸港口。

每年紐倫堡都為市民舉辦許多活動節目，在民俗活動之中，最吸引觀光客的就是一年一度的「聖誕市集」。

這個市集活動，在每年聖誕節的前一個星期舉行，從四百年前有這項活動後，這裡每年都是德國聖誕節的中心，吸引兩、三百萬觀光客到此一遊。洶湧的人潮擠在露天大市集，數不清的攤位販賣著各式各樣的聖誕食品和特產。雖然是雪花飄飄，卻因為空氣中瀰漫著溫暖的食物香氣，一點也不覺寒冷。因為飄來的是一陣陣引人飢腸轆轆的燒烤臘腸和濃濃辛香的溫暖薑餅！

這兩項美食正是紐倫堡的特產，其中薑餅採用獨家配方製成，這裡的薑餅工廠每天可以生產兩百五十萬個薑餅，一年下來是多少個呢？可以蓋好一座薑餅城堡了吧！可謂名副其實的薑餅之城！

## 52 古希臘人參加奧運只為一頂橄欖冠？

西元前四八○年，波斯國王薛西斯率軍攻伐希臘，斯巴達王列翁尼達斯帶領三百壯士死守要隘，最後三百人全部戰死。

當時有位波斯將領覺得很奇怪，為什麼成千上萬身強力壯的希臘人全都不見了！一打聽之下才知道，原來希臘人正在舉行「奧林匹克賽會」，所有的人全都忙著各種運動比賽，所以隨便派了三百名斯巴達人前去抵抗波斯大軍。

將領好奇地向希臘人打聽：「參加奧林匹克獲勝有很多錢財獎賞嗎？」希臘人說：「優勝者的獎品沒有錢，只有一頂橄欖冠。」這位將領驚叫起來：「啊！我們是跟一群怎樣的瘋子作戰啊！」

西元前七六六年時，希臘規定每隔四年舉行一次競技大會，形成奧林匹克運動會的傳統。古代奧運會最初的意義是為祭神所舉辦，祭祀居住在奧林匹克山上的眾神們。宙斯主宰著宇宙萬

物，希臘人為了表達對宙斯眾神的敬意，便在奧林匹克舉行盛大的祭祀，在祭祀賽會中，奉上祭品，載歌載舞，歡慶宴飲，同時進行運動競賽。

想要去參加奧林匹克運動會的選手或是觀眾，往往要提前很久從家鄉出發，在只有人力跟獸力可供使用的交通情況下，前往雅典是一條漫長的道路。但是由於每一次的祭典都是一件轟動各國的大事，所以這段期間會有成千上萬的人潮湧入奧林匹克，連柏拉圖都想要隱藏身分去體驗奧運的風采。

古代的奧運會只有男子可以參加，女子嚴禁參加也不能觀賽，因為參賽者都是裸體。古希臘人認為健美的人體是給神靈最上品的奉獻，所有參加比賽的運動員都以裸體展現強壯肌肉與健康的體魄，獻給天神觀賞。在奧運會結束後，優勝者會被賦予一頂象徵勝利的橄欖冠，當時，橄欖冠所帶來的尊敬比國王的皇冠還要熱烈！

一八九六年，第一屆現代奧運會在希臘舉行時，冠軍在獲得銀質獎章和證書之外，同樣還模仿古代的奧運會得到一頂橄欖枝的花環。二○○四年，雅典再度舉辦奧運，會徽的主體是一個由橄欖枝纏繞而成的冠冕，圖案為古雅典城形狀。

橄欖枝在今日象徵和平，因為《聖經》上諾亞用鴿子試探洪水是否已退去時，鴿子銜著橄欖枝回來；在古希臘時代，橄欖樹則被視為聖樹，可知一開始古奧運中使用橄欖冠，後來才改為使用月桂冠代表冠軍的榮耀。

橄欖是希臘的國樹，傳說雅典娜女神和海神波賽頓爭著要成

為雅典的守護神。海神答應雅典人們說：「我給你們一匹天馬，這匹天馬能耕地，能拉東西，能給大家帶來許多財富。」這時，雅典娜用神杖向地下一插，霎時長出一棵枝葉茂密、結實纍纍的橄欖樹，雅典娜說：「我教給你們農作的智慧，有了這些智慧，你們世世代代也不會貧窮。」後來雅典人們選擇了橄欖樹，並將山城以雅典娜命名。

至於為什麼希臘人後來改用月桂冠呢？——因為榮耀的太陽神頭戴月桂冠。希臘神話傳說中的太陽神阿波羅是個英偉的弓箭手，但是祂有些驕傲的性格。

有一天，阿波羅遇見了愛神邱比特，阿波羅見到邱比特攜帶的「愛的小弓、小箭」之後，忍不住嘲笑邱比特的射箭能耐。

生氣的邱比特趁著阿波羅不注意時連射了兩支箭，一支金箭射向阿波羅，另一支銀箭射向了美麗的水仙黛芬妮。兩箭相連，金箭引起愛意，銀箭使人拒絕一切愛情。

中了金箭的阿波羅立刻為黛芬妮神魂顛倒，可是中了銀箭的黛芬妮卻心如鐵石，只想自由自在，兩人因此上演一追一逃的戲碼。就在阿波羅快要捉到黛芬妮時，絕望的黛芬妮高聲向河神父親潘尼亞斯求救，河神父親聽到呼救就將女兒變成一棵月桂樹。痛苦不堪的阿波羅，於是摘下月桂葉編成桂冠戴在頭上，並宣布月桂樹是太陽神常青樹，只有勝利者才能戴上榮耀的月桂冠。

這就是為什麼今日西方世界裡，桂冠象徵了榮耀勝利的由來，橄欖也一直是希臘人引以為傲的智慧、和平和勝利的象徵典故。

## 53 阿拉伯人如何招待客人呢？

　　阿拉伯人分布甚廣，包括西亞、北非的許多國家，如伊拉克、敘利亞、約旦、沙烏地阿拉伯、埃及、蘇丹、利比亞等，通常這些國家統稱為阿拉伯國家。

　　在阿拉伯沙漠中迷路的人，只要遇到帳棚，不管是誰，都會受到親切的照顧。即使沒有食物，阿拉伯人還是會盡力給予幫忙，沒有其他狀況的話，迷路的客人最多只能留三天，這是沙漠中的一種約定俗成的互助制度。

　　而阿拉伯人最常跟客人說：「把這個帳棚當成自己家。」

　　在敘利亞，游牧民族使用黑色的帳棚，跟蒙古包結構不一樣，他們會聯合多個家族居住在草原附近。當有客人來訪時，他們便使用缽跟杵敲磨咖啡豆，因為咖啡是當地人用來招待客人的茶飲，當敲打咖啡豆的節奏聲音遠傳出去時，也是告訴周圍的鄰居，有客來訪，這時鄰居會從四面八方出現，一起共襄盛舉。

　　阿拉伯當地的人都喜愛交朋友，每逢客人來訪，不論自己多忙，都要停下來熱情接待。接待阿拉伯國家的朋友，要相互擁抱，親切吻額；接待其他外國朋友，要行握手禮。當然，這些見面禮僅在同性朋友之間進行。

　　阿拉伯人也樂於在家中接待客人，他們認為客人登門拜訪是自己的榮耀，另外在家中可以進行無拘無束的談話。到阿拉伯朋友家裡作客要準時赴約，以免讓主人空等，因主人是很守時的。

　　客人進門後，賓主相互行見面禮，主人會先給客人送上咖啡茶，然後點燃乳香枝或香片，讓滿室飄香，再往客人身上噴灑幾滴名貴香水，在香氣宜人的氣氛中進行熱情談話，這幾乎是所有阿拉伯人都會依循的禮儀。有些地方的人，最後還要用香水噴灑客人的手掌，這時客人應該用手抹一下自己的臉，並說：「我為此感到榮幸。」主人會因此感到快慰。

　　阿拉伯人相互交往中有贈送香片、香枝、香水的習慣，如果送給主人一瓶香水或一盒香料，主人會高興接受，視為珍貴禮物，客人也顯得自然而得體。主人接受禮物後，常常會當場回贈

一份更加珍貴的禮物，客人要欣然接受並表示謝意，如果不接受，可能引起主人的不悅。

來到阿拉伯，千萬莫送朋友菸、酒、雕塑品等，這些他們都不喜歡，交談上也要避免談論政治、宗教、女人等問題。

阿拉伯人熱情好客，和一個阿拉伯人交往後，他就會請你到家裡吃飯。主人殺牛宰羊，擺出最富傳統風味的烤全羊、清蒸牛肉、烤大餅、羊油炒米飯等美味料理招待客人。飯後，招待客人喝奶茶、薑湯、紅茶或咖啡。賓客若是本國人或阿拉伯人，同性之間行擁抱和吻禮，家庭主婦對男賓客報以微笑，以示歡迎，在許多情況下，家中十歲以上的女性必須迴避異性客人。

有些阿拉伯人的吻禮十分講究：同輩人互吻方臉頰三下，表示友好感情；關係親密則多吻幾下；長輩吻晚輩的額頭，表示良好祝福；平民百姓吻酋長或地長官的右肩，表示敬意和崇拜；王室成員之間行吻禮是互碰鼻尖，表示親密無比。

## 54 土耳其人為何喜愛在浴室裡聚餐？

　　伊斯坦堡老城區的恰阿奧盧浴室，是土耳其最著名的浴室，建於一七一四年。十九世紀英國畫家湯姆斯阿隆曾來此遊歷，繪製了大名鼎鼎的《恰阿奧盧浴室》銅版畫。此後，阿隆的銅版畫流傳到歐洲各國，恰阿奧盧浴室也成為土耳其浴的象徵。

　　土耳其人生活在伊斯蘭教之中，把浴室當作洗滌靈魂和身上污垢的最佳去處，所以土耳其浴室非常乾淨。芬蘭浴室以木頭襯壁，傳統的土耳其浴室則是全部由光滑的大理石砌成，透過在加熱的大理石上潑水形成熱蒸氣空間，浴後可以保持皮膚的溫潤和清爽，全身舒暢。

　　土耳其人在進入浴室前，先要到更衣室換上泳裝，男士可以穿較寬鬆的布褲頭。一般浴室還會免費提供乾淨的白浴巾，浴巾用完一次就會換洗消毒。然後去淋浴房沖澡，最後才能進蒸氣浴室。洗浴用品可以自備，也可以用免費提供的小肥皂。

土耳其浴中穿的木拖鞋就像日本的木屐，踩在濕潤的大理石上可以防滑，還可隔熱，因爲桑拿浴房裡的大理石板是高溫加熱的。而且木拖鞋經常用消毒液浸泡，可放心穿著。大理石面須時常沖洗，以保持表面的潔淨。

　　洗浴是爲了想要洗淨身體、舒通筋骨、消除疲勞，而土耳其浴便是洗浴中的帝王級享受！正宗土耳其浴室內，會有一批按摩師，當沐浴者舒展四肢躺臥在「肚皮石」上，雙手塗滿橄欖油的按摩師便在他身上推、拿、揉、按，使全身皮膚微紅，血脈流暢，頓覺渾身輕鬆，舒適無比。

　　土耳其人進浴室大都帶一個豐盛的食品盒，裝著羊肉串、腰子、酸奶、榛子等食品。沐浴後，新朋舊友聚在一起，邊吃喝邊聊天。這種「浴室聚餐」往往持續九小時，然後各自回到更衣室的單間，舒適地睡上一覺，直到太陽西下才回家。

　　女子洗土耳其浴，會坐在石凳上，先用盛滿肥皂水的銅盆，從頭到腳沖淋一通，然後讓女侍者用清水沐淋七次，據說這是按照伊斯蘭教的規矩，之後也由按摩師按摩、舒筋。婦女們上澡堂也會準備食品盒，沐浴後，她們請朋友們品嚐自己做的菜餚，既可展現廚藝又可相互切磋。

　　原來，土耳其浴室就像其他國度的美髮院、咖啡座或台灣廟邊大樹下的社交場所。據說，古代婦女也利用沐浴的場合爲孩子挑選媳婦，因爲浴室裡大家「祖」誠相見，提供一個很好的機會，可以從頭到腳，仔細打量個夠！

## 55 捏麵人原來是供品嗎？

　　捏麵人在台灣已經不多見，大多被紙黏土以及麵包花取代。

　　麵包花顧名思義就是以麵包屑為素材，據說起源於墨西哥，最初是由吃剩的麵包屑做成。這種麵包，四邊香脆，非常好吃，而中心柔軟部分卻沒有人愛吃，人們往往吃完邊就把中心扔掉。有些人便撿回這些麵包，烘乾磨成粉，加入白膠漿，製成「麵包土」。但用這種材料製造的作品在風乾後，很容易碎裂，不能長久擺放。後來這種手工藝傳至日本，日本人將「麵包土」改良，加

入防腐劑及其他化學品，製成現在的「麵粉黏土」。這種麵粉黏土本身是半透明色，性質柔軟，只需加入油畫顏色，即可捏成形態各異且顏色繽紛的花、水果、蔬菜等模型工藝品。

神奇的是，麵粉黏土製成的作品能保持不變的形態，當作品擺放塵埃滿布時，還可以用水或濕毛巾清潔。因此，麵粉花可說是永恆之花，是現代人喜歡的一種材料。

中國捏麵塑麵的藝術曾經鼎盛一時，自古以來一直是中國農業社會中之民間傳統藝術，每逢歲末節日或祭拜普渡或婚喪喜慶時，捏麵人都扮演著我國民間習俗的重要技藝角色之一。不過，大部分現代人對捏麵人的印象都停留在麵糰塑成的玩具，不知中國的捏麵人歷史悠久。

遠從唐宋時期就有記載，由麵製成假花、假果、粉人作為祭品，和盛宴上所擺設的看席，以及各式各樣的供果；到宋、元時，民間較大的宴會常在開席前，利用麵粉捏製各人物鳥獸，供客人們觀賞作為一種席前招待；到了明末清初，每逢冬臘廟會趕集的時候，就會有背著長架小箱，以各種色麵捏製成各種人物蟲鳥的捏麵人師傅出現，這也是一般人對捏麵人最常有的刻板印象。

塑麵藝術應用的層面很廣，不只在廟會、祭神的供奉上，在過去民間日常生活中也作為吉祥性質的禮品相互贈送，廣泛使用在婚葬嫁娶、壽日誕辰、節日慶典等民俗活動，因此有供奉、饋贈、玩賞、食用等種種用途。

捏麵眞正始自何時已不可考，但新疆吐魯番古墓中曾經出土過麵製人俑和小豬，推斷距今已有一千三百四十多年，由此可知這項民間技藝起源很早。

另有一傳說，相傳三國孔明征伐南蠻，在渡蘆江時忽然遇上一陣狂風大作，河水暴漲，軍師孔明隨即以糯米團麵料捏成人頭與牲禮模樣的「米人」來祭拜江神。說也奇怪，江水不久就平靜了，部隊安然渡江並且順利平定南蠻，因而從此有了「捏米江人」的捏麵人行業，據說這也是現代饅頭的由來，且因此從前的捏麵人師父都供奉孔明爲祖師爺。

這項技藝流傳到了現代，幾乎已快失傳，捏麵師傅也只有出現在民俗技藝的展覽之中，做做小玩偶玩具，討小孩子的歡心與大孩子的懷念。

## 56 韓國文字為何長得像窗戶？

　　「哈韓」是現在最熱門的話題，其中電視劇《大長今》更是以黑馬之姿席捲東方，一時之間，韓國熱傳遍世界。敏感的人可能會發現，怎麼《大長今》片中的醫書都是中文字呢？這好像跟現代看到的有圈圈且帶有橫豎線條、四四方方的韓國文字不太一樣？

　　韓國現代所使用的文字相當的新，起源於一四四六年，一般公認是從朝鮮第四代皇帝世宗大王頒布的《訓民正音》而來，最初共有二十八個字母。和漢文最大的不同在於韓語是拼音文字，採用二十四個字母，其中有十個母音、十四個子音。有人認為韓語的拼音文字是非常科學的獨創語言之一，因為只要使用很少的音節，就能呈現一套完整而可使用的語系。

　　在文化上，韓國一直受到中國深遠的影響。漢字大致在中國東漢時期傳入韓國，長久以來漢文成為朝鮮唯一的書寫文字，當時的韓國人也以漢字留下大量珍貴的書籍資料，也是因為如此，《大長今》劇中的醫書才會是漢字。不過，在現代韓字發明之前，困難的漢字只有貴族與知識分子才有機會學習使用，如此的情形造成一般的朝鮮平民幾乎都不識字。因為看不懂漢字，所以無法閱讀，無法提升人民的智慧；因為沒有文字可以保留文化，所以平民的文化交流只有口語相傳，造成階級與階級間的斷層，也造成文化的落差。

　　韓國的君主世宗大王發現文盲的情形太嚴重，認爲要讓人民很快地學會使用文字，才能解決知識傳遞的問題，因此苦思發展一套可以讓人民「會說就會寫」的文字。

　　據說，有一天，世宗大王在皇宮千秋殿內沉思，看到千秋殿窗戶上的花格子被陽光投射在地上的影子，一格格的窗櫺，激發出世宗大王的靈感，想到用最簡單且有規則可循的形狀來創字，於是世宗大王召集眾多文官學者，一起研究出最初的二十八個拼音文字。他將內容彙集成《訓民正音》，還花了三年的時間讓人試用這套文字的實用性，命令大臣用新文字翻譯各式經典書籍，讓人民可以方便閱讀，在試用成功後於一四四六年十月上旬正式頒布使用。

　　我們可以見到現代韓國文字的符號像是一、丨、卜、十、○等等，看起來像是雜亂無章的符號，事實上，除了窗格子的形狀簡易教學；也有史學家認爲，韓字的圈圈可以代表太陽（也就是天），橫線代表地，直線則是人，所以韓字形體在更深的意涵上還代表著天、地、人的自然宇宙法則，這樣聽起來似乎很有邏輯，

但不知這是否為後人穿鑿附會的說法。

　　韓字的設計簡單，後來的各代君主也推廣民間使用，但因為貴族還是以使用漢字為主，所以民間使用的情形並不特別熱烈，除了婦孺常使用之外。

　　在創字約五十年後，到了韓國燕山君執政時，因為有亂黨反對暴政，四處以韓文張貼批評政治的消息，燕山君大怒之下便下令禁止使用韓文，使用韓文者一律視為叛黨並處死，還稱漢字為眞書，韓文為諺文。

　　此後許多年，韓國逐漸演變成韓字跟漢字交雜使用，直到十九世紀末，才有報紙使用全韓字的版面。約十多年後，一九一〇年至一九四五年，日本統治韓國時期，日本人為了破壞韓國人的訊息交流，禁止韓國人使用韓字；一直到第二次世界大戰結束，韓國人為了提升向心力，才開始全面使用韓字，韓字的發展歷史可說實在坎坷。

　　漢字的消失則是近幾十年的事，因為新加坡的總理去韓國訪問，看到韓國的路標、招牌後，他說：「韓國跟新加坡的華人街很像，到處都有漢字。」韓國總理一聽彷彿把韓國的地位比為中國藩屬的時代，心中覺得很不是滋味，因此要求政府下令嚴格禁止使用漢字，一九六八年以後，漢字在韓國街頭全面消失。

　　由於韓字易學，所以韓國的文盲很少，不過，韓字因為是拼音文字，常常在使用上讓人會錯意。故在一九九九年時，韓國再度開放必要的漢字使用，以適應世界化的時代潮流，也是正因如此，在許多浪漫現代韓劇中，我們常可看到少許的漢字出現。

## 57 泰國面具舞有什麼獨特之處？

　　泰國前名暹邏，位於中國和印度間中南半島之心臟地帶。幾個世紀以來，一直是東南亞地區宗教、文化和民族的彙集地，文學、藝術、繪畫都有獨特的風格。

　　佛教是泰國國教，每個二十歲左右的泰國男子至少都要當三個月的和尚，才能取得成年的資格，連王室和貴族也不例外。因禮佛虔誠，在泰國隨處可見金碧輝煌、尖角高聳的廟宇佛塔。

　　泰國人彼此之間見面，總會雙手合掌致意，老百姓見國王，雙手須舉過頭頂；晚輩見長輩，舉到前額；平輩相見，舉到鼻子以下；長輩見晚輩，舉到胸前即可。在泰國禁忌也不少，例如泰國人認為頭頂是全身最重要的部分，因此要避免碰觸人的頭頂。

　　泰國美麗的面具築舞（khon）就完全像是這個國家形象的產物，築舞源於印度寺廟的典禮和舞蹈，距今已有四百多年的歷史。這種古典舞蹈主要在講述「羅摩衍那」的

故事，劇情描述拉瑪王子從羅刹瑞瓦納手中拯救他深愛的絲妲王妃，是一部有關正義與邪惡的戰爭作品故事。

面具舞以優美的身段與金指延展，強調故事人物的肢體。身穿金裝服飾翩然起舞的女子，光是舞動纖纖金指，就動人不已，讓觀賞者目眩神迷。這類的表演配有精心製作的華麗服飾、面罩、頭飾及其他的裝飾物，飾品製造都需要熟練的工匠，所以過去築舞這種面具舞乃是皇室內的表演，普通百姓只能在佛教節日才能看到。

因為改編自史詩的舞劇，對故事內容又採取細膩的手法表現，想要看完整的演出動輒需要一個多月。早期，築舞由一些多才多藝的宮庭家僕來扮演戲中的男女角色，直到十九世紀中期才有男女藝人共同在舞台上表演。

舞蹈中的每一個舞步都有特定的涵義，並透過特定的音樂、步法、行進和笑容來加強表達。台上的演員們都戴著面具，不能說話，由與木管樂器、銅鑼和鼓樂隊坐在一起的合唱團透過歌唱和誦讀來闡述情節。

築舞的面具鮮豔，不同的角色，顏色各異，與中國臉譜相似，大致分為王子面具、猴子面具和羅刹面具三類。

演員用手勢和六十八式舞姿來表現劇中人物的行為舉止與思想感情，特別著重造型美，要求演員具有較高的舞蹈和武打技巧，在形式上融合了舞蹈、音樂、詩歌、繪畫、武術和皮影藝術，是泰國最高級的皇室之舞。

民族文化101問?

## 58 印尼皮影戲背後有哪些工夫？

　　古時候沒有電、沒有五彩繽紛娛樂的時代，靠著蠟燭與影子，皮影戲在人們眼中就像夢幻世界一樣迷人神祕，而且皮影戲中的戲劇張力就跟現在電視上的所有節目媒體一樣，滿足人們喜歡聽故事的冒險精神，滿足人們無邊無際的幻想。

　　東南亞許多地區都有皮影戲的傳統。其中印尼的皮影戲，在一千年前便相當流行。

　　印尼皮影戲的起源與當地傳統巫術有關，皮影被認為是祖靈的化身，巫師則扮演已逝祖靈與生者之間溝通的角色。

　　隨著爪哇的印度教化與伊斯蘭教化，皮影戲的傳統巫術色彩雖逐漸淡化，但仍帶有相當的神祕性。直到今日，皮影戲的演出仍與消除災厄有關，類似酬神時的戲劇。

　　皮影偶的製作不容易，皮革經過師父巧手剪裁和繪彩，成為數百種不同角色的皮影戲偶。跟中國皮影戲比起來，印尼的皮影戲偶造型華麗特殊，長頸、長手臂、細長的身軀完全不符合自然人體比例，加上誇張的頭飾、閃亮的裝飾，成為印尼皮影戲一大特色。

皮影戲因藉著燭光演出，表演時間通常是從晚間日落之後開始。故事內容則為印尼傳統故事及印度敘事史詩、神話，或是混合起來編成的劇本。而且不管故事的情節及人物有多麼複雜，印尼的皮影戲仍多愛上演神、惡魔與人之間的爭鬥，也在最後強調善必定戰勝邪惡、或者是大快人心的團圓大結局。

戲偶在布幕及油燈之間操作，觀眾則坐在布幕前欣賞影子戲。坐在皮影表演者及樂隊後面的觀眾，可看到飾有色彩甚至金彩的美麗戲偶，然而通常只有貴賓才有資格坐在後面。

皮影表演者是皮影戲表演中的靈魂人物，不僅要操作戲偶、講對白、指揮樂隊演奏，還得在主角出場時唱詠古詩文對白，在小丑出場要用口語講釋劇情或即席地演譯當代時事，一人分飾多角。因為起源自跟神靈相通的巫術，皮影表演者被認為是具有神祕力量的人。表演時需同時具備高度的靈敏度及音樂感，具有唱詠技巧及超人的記憶力；同時也必須是一個好的演員及會說故事的人。一個成功的皮影表演者，幽默和臨場智慧是不可或缺的。

皮影戲是音樂、舞蹈和戲劇的綜合藝術，內容多半取材於民間所流傳的故事和傳說，能夠充分反映當地的人文精神。在流傳一千多年後，印尼將皮影戲向聯合國申報為人類口述和非物質文化遺產代表作，使之成為受保護的世界文化遺產。

## 59 俄羅斯娃娃裡藏著什麼祕密？

　　傳說在數百年前俄羅斯戰亂不安的時代，大部分俄羅斯的男人都被徵召去打仗，某個鄉村小鎮亦是如此，無數的家庭、夫妻、情人頓時在無情的戰爭中失去了摯愛的親人及情人，可是沒人能夠對抗大時代的悲劇。

　　在這個小鎮裡，一位痴心的少女每天等著上戰場的情人回來，喜愛製作木雕的她，在寂寞與思念的折磨下，將心情用木頭雕刻出來。她先用白樺木刻成一個木娃娃，後來又幫木娃娃做了個適合的盒子，畫上跟娃娃一樣的圖樣。大概是心情太寂寞吧，

女孩每一想起情人就磨個盒子，慢慢地做出了數個由大至小可套疊在一起的長型盒子，並在每個盒子外面彩繪上人型娃娃，賦予木頭生命。大大小小的娃娃有數個，最裡面的那個是個實心的娃娃，女孩將娃娃擺在窗邊，像是無數個不停呼喚著遠方情人的自己。

日子一天天地過去，前線仍然不斷傳回壞消息，等待情人消息的少女總是抑鬱不安，有天她對著娃娃們說：「妳們可要保佑我的情人平安回來呀，只要他一天不回來，妳們就一天不要出來了。」心情跌落谷底的女孩，把娃娃收入一個個的盒子裡。沒想到才不過多久，女孩的願望就成真了，情人安全地從戰場歸來。開心的女孩，將娃娃再次打開，一個個放在窗前展示她們的美，而且這次娃娃的眼睛不再看著窗外的遠方了。

從此，浪漫的許願娃娃——俄羅斯娃娃（Matlyoshka）就在俄羅斯流傳至今。

最小的娃娃，就像是少女自己，她的心既期待又怕受傷害。第一層是思念、第二層是擔憂、第三層是害怕、第四層是心酸、第五層是寂寞……，因為裝了這些情緒，「心」就越不踏實，越是空空洞洞，一個個的娃娃，就像是許多不一樣的自己，也像是裝著許多寂寞的娃娃。只有找到最小的那個，才是打不開的真心，對著她小小聲、偷偷地許下心中的願望，而且提醒她，一定要讓自己美夢成真，只有夢想成真，才能早點出來，不再被關在層層的盒子裡。

　　俄羅斯娃娃的故事充滿了浪漫的思愁，不過現代的俄羅斯娃娃看起來卻是快樂的模樣，外型看起來有點像胖胖的保齡球瓶或是不倒翁，肚子裡面裝著一層又一層更小的「分身」，裡面的娃娃不變。俄羅斯娃娃肚子上的彩繪圖案有許多豐富的主題，可能是劇情，可能是風景，也有可能是一幅幅有趣的故事，吸引很多人購買收藏。當地的商人還會出版限量的收藏品，提高娃娃的價值。現在俄羅斯娃娃也出現許多變化造型，像是各種卡通人物或是名人等等。

　　俄羅斯娃娃的特色即是「分身」，數量不一，從最簡單的三個、五個、七個、一直到二、三十個都有，數量愈多，製作的難度愈高。在遇到分身多的娃娃時，尤其要注意最小的那一個，最小的還精細到可能要用放大鏡欣賞呢！

　　不同畫家的作品，也會有不同的風格，所以俄羅斯娃娃是相當有趣的地方藝術品，可以買回家擺設欣賞，也可以作為許願之用。當你想許願時，只要將娃娃依序擺開，把願望告訴娃娃，三天後，再把娃娃依序收回；當你心想事成之後，別忘了要再把許願娃娃擺放出來喔！

## **60** 羅馬尼亞的惡魔之子是吸血鬼？

　　長長的獠牙掛在青白無血色的面容上，一襲貴族西裝披著黑色披風宛如紳士；「他」討厭陽光，討厭十字架，白天睡在陰森古堡的棺材裡，晚上才四處活動獵食，最愛的食物是少女的鮮血。「他」，就是吸血鬼德古拉伯爵。

　　吸血鬼真的存在嗎？——不知道吸血鬼是不是真的存在，但可確定的是，「德古拉伯爵」是愛爾蘭作家史托克於一八七九年出版的小說中創造出來的人物。

　　《德古拉伯爵》出版後，並未立刻受到顯著的迴響，直到後來被改編成電影之後，才頓時大放異彩，全世界的人都知道吸血鬼的傳說，於是吸血鬼傳說越傳越不可收拾。

　　近來有學者研究，推測史托克或許看了一些羅馬尼亞的史載，從中獲得靈感而創造出德古拉這個角色。

　　史書描述十五世紀之時，瓦拉奇亞王國的指揮官福拉德對抗大批入侵歐洲的土耳其軍隊，在戰爭中堅守羅馬尼亞南部，福拉德以殘忍的手段將罪犯釘死在木樁上，據說當時被處以釘刑的土耳其戰俘高達

四萬多人。此後，土耳其人便流傳：瓦拉奇亞王國的指揮官福拉德是殘忍可怕的吸血鬼。還有人為他取了個綽號，叫他「德古拉」，意思是「惡魔之子」。

在墨西哥與中南美有一種吸血蝙蝠（Vampire）以吸食哺乳類動物身上的血為生，當地人一直有個魔幻傳說，說這種吸血蝙蝠能變成人形，並且依靠著吸食人血來維持長生不老。史托克也許正是聽說了羅馬尼亞鄉下地方也有蝙蝠精的傳聞，便混合多種元素，將德古拉伯爵描繪成吸血蝙蝠的化身，以浪漫筆法架構出這個影響後世「吸血鬼觀」的故事。

由於史托克將德古拉的背景設定在羅馬尼亞，所以羅馬尼亞便被人認為是吸血鬼的發源地，不時有觀光客聞名而來，想要尋找德古拉伯爵住過的城堡。其實每個不同的文化都有其民間傳聞與恐懼的源頭，所以每個文化中都有自己的德古拉。像是中國鄉野有吸血殭屍，還有各式鬼怪，當然也有吸血的怪物。

講到鬼怪，日本的精精怪怪就更經典可怕，可是這麼多年來，這些鬼怪都沒有屬於自己的名字，只有吸血鬼德古拉的地位屹立不搖，往往在消失一陣子後，又大張旗鼓在社會中流行起來，德古拉的紳士服飾不曾換過，可是總有奇異魅力引人注目。前一陣子電影《凡赫辛》就又再度引起一陣吸血鬼熱潮，凡赫辛是吸血鬼德古拉的宿敵，小說裡的德古拉便是由凡赫辛消滅，可是眾人不談凡赫辛，反而對吸血鬼更關心，看樣子吸血鬼真的變成人們心目中的「角色基模」。如是這樣，或許也不用到羅馬尼亞找吸血鬼了，身邊可能就有不少喔！

## 61 東方人使用碗筷學問大？

　　中國是筷子的發源地，筷子古稱「箸」，古籍《韓非子》中提到商紂的故事時就有提到「箸」，可見中國早在三千多年前就已經出現象牙精製的筷子。

　　民間關於筷子的起源有很多種傳說：一說是妲己為討紂王歡心，以玉簪遊戲演變成筷子；一說姜子牙受神鳥啓示發明竹筷；還有一說是大禹治水時，因為太忙碌，隨手以樹枝撈取熱食而發明筷子。種種說法不一而是，但是筷子的歷史悠久則無庸置疑。

　　拿筷子有一套固定的手勢才能將筷子拿得好，方法是兩根筷子上下拿，固定下面那根筷子，用食指和中指指揮上面那根筷子。

　　中國餐具的文化影響日本、韓國、越南等地，但是到了各地後即產生略為不同的使用習俗。曾經去過韓國旅遊的人可能就有這樣的經驗，導遊會叮嚀觀光客，大家等下到餐廳吃飯時要小心。

　　小心什麼呢？難道是食物不衛生？不是的，韓國是一個愛乾淨的國家。要小心的是，請大家吃飯時千萬不要順手端起碗來

吃，因爲韓國人的飯碗很燙，而且在韓國把碗捧在手上吃飯是「乞丐的行爲」。如果你不小心忘了，可能會引起當地人的側目！

韓國人使用的餐具很符合生活機能而且環保。他們大多使用不鏽鋼製成的碗筷，所以盛了飯以後，碗變得特別的燙。韓國碗做得又大又圓，類似中國的缽，底很深，拿起來沉甸甸的，因爲韓國天氣冷，所以碗多附有碗蓋保溫；筷子也多用不鏽鋼製成，重量比中式筷子重，呈扁平狀；韓式的湯匙握柄特別長，可能是爲了配合深底的碗。

相對的，日本人使用的碗筷精緻典雅，比中國使用的瓷碗淺且較小巧，適合直接拿在手上。筷子多用竹製輕巧好拿，而且尖端製成圓頭；平時日本人很少用湯匙，因爲習慣喝湯時端起碗來就口喝。

所以中國人用筷子吃飯、湯匙喝湯；日本人用筷子吃飯，並且把碗端起來喝湯；韓國人用餐不太用左手，吃飯時習慣以右手拿著湯匙，吃飯、喝湯，筷子的目的只是用來夾菜，夾好菜便將筷子放在一旁。

每個國家的文化多有不同，西方人使用刀叉，碗盤不可端起，而且餐桌禮儀多有規定，取用刀叉由外而內，食用完畢也有放置規矩。西方國家對於中國筷子的文化充滿著好奇，去到中國餐廳吃飯時總喜歡嘗試一下拿筷子的感覺，不過在歐美的中國餐廳還是會附上叉子給不習慣使用的客人，畢竟想要優雅地拿著筷子用餐，可不是三天兩天就可以熟練的。

## 62 芬蘭人有哪種不一樣的好客方式？

一般人的待客之道無非是請客人到餐廳或家裡吃飯用餐，不過芬蘭人卻是邀請客人到家中洗澡，很匪夷所思吧！

在芬蘭洗澡的方式就是所謂的芬蘭浴，也就是桑拿浴的意思。「桑拿——Sauna」在芬蘭語中是指「沒有窗子的小木屋」，如今這個詞彙眾所皆知，卻不見得知道Sauna這個字出自於芬蘭。

台灣人常說「三溫暖」，其實就是Sa—u—na的直接音譯。後來有人誤會一定要洗「三次冷、三次熱」才叫三溫暖，其實並沒有嚴格三進三出的規定，只是人們洗到第三趟的時候體力消耗得差不多，很過癮，也覺得體內潔淨了。

真正芬蘭浴的洗法對芬蘭人絕對是種愉快的享受，因為芬蘭地處北歐，天氣寒冷，國土大約是台灣的八倍，人口只有五百二十萬，芬蘭人卻自稱有二百萬間桑拿房，因為芬蘭人即使住在公寓，寧可廚房小些也要求有桑拿房。

在芬蘭傳統的桑拿房是一間由木頭建造的獨立小屋，和一般台灣常見的蒸氣室相似，差別在於芬蘭浴裡不是用蒸氣產生熱能，是利用浴室裡的火爐裝置燃燒木材，將室溫加至高熱。因為使用燃料不方便，芬蘭現代的桑拿房多改用電力。在火爐上通常會放上大卵石，燒熱的石頭具有保持溫度的效果。

芬蘭人愛在冬天的時候洗芬蘭浴，越冷越愛洗，趁著外面寒冷進入約一百度高溫的熱烘烘桑拿房，在桑拿房裡使用白樺樹枝

拍打身體，促進血液循環。待的時間因人而異，約是二十分鐘上下，越習慣使用的人可以耐得越久！

　　從桑拿房出來之後，第一件事便是拿著水管從頭沖下冷水，降低體溫；如果旁邊有一座快結冰的湖，跳下去泡一泡更是芬蘭人夢寐以求生命中最大的享受。泡起來後，可以在桑拿房旁邊設置的休息椅上，坐著休息，直到感覺寒冷再進入桑拿房。這樣的過程，正宗過程是三次。最後一次進入桑拿房時，芬蘭人會以清水和精油，倒在燒紅的石頭上，使原本乾熱的空氣加入一些溼氣，可以促使身體排汗。

　　經過芬蘭浴之後，身體放鬆下來，身體上的一些小毛病也不藥而癒了。忽冷忽熱折騰下來，對於人的耐力是極大的考驗，芬蘭人卻極為酷愛這種三溫暖，它早已是當地人生活的一部分。

據說這種桑拿浴法起源於兩千年前，有一戶人家正燒火煮飯時，突然下起一陣大雨，雨水從屋頂漏下來，滴在鍋邊被燒得火燙的石塊上，滴滴答答的雨水變成水蒸氣，使房屋裡熱氣氤氳，讓人覺得很舒服、愜意，芬蘭人就運用此法發明了桑拿浴法。經過不斷改良，桑拿浴成了芬蘭人的最愛，他們認為招待客人至家中或一起去渡假洗浴是重視客人的表現，所以如果有芬蘭朋友約你一起洗桑拿，那代表他把你當成自己人了。

　　你知道芬蘭人多愛洗桑拿嗎？每個芬蘭人幾乎從嬰兒時期就被母親抱在懷裡一起洗桑拿。幾年前，在芬蘭南部黑諾拉市曾經有群人互相挑戰比賽洗桑拿的耐力，當地人想出每年舉辦「世界桑拿浴錦標賽賽」的點子，有來自世界各國的選手參加。比賽內容是看誰能在攝氏一百度至攝氏一百一十度的桑拿房中蒸烤最久，而最近一次的男子組前三名都是芬蘭人！

## 63 日本相撲的「橫綱」是指什麼？

　　世界上各式各樣健美的運動員中，大概就屬日本的國粹——相撲選手的體型最特別。這些被稱為「大力士」的相撲選手身材魁武壯碩，如果不是穿著相撲選手特有的服飾，在別人的眼中可能只是個超級大胖子。然而奇特的是，當這些龐然大物穿上相撲專有的服飾後，竟然變得威風凜凜，在這個求瘦的世界裡不但一點都不突兀，還成為日本人崇拜的對象。

　　相撲選手們大都重達百公斤以上，最基本的入門條件是一七三公分，七十五公斤，身心健康。看過相撲的人都知道，體重如果不夠重，在這個充滿爆發力的運動中是相當吃虧的。別看這些選手一身肥肉，遲鈍緩慢，其實選手們的身體鍛鍊柔軟、有彈性、下盤穩固，而且敏捷。

　　平時相撲選手共同居住在相撲部屋，過著集體修行的生活，每天都有固定的鍛鍊行程，從早晨一大清早便開始空腹激烈運動，午、晚餐則是在相撲部屋食用。食物由較低階級的力士輪流準備，通常是「搶鍋」，即是所謂的「Chanko」，是相撲部屋特定的「相撲火鍋」餐。選手們為了壯大身體，每天需要攝食很多高營養的食物，除了吃多，還要求要營養均衡，增加體重被視為選手們日常的重要訓練之一。

　　選手們的階級排名稱為「番付」，番付主要分為「付人」跟「關取」，其中還有許多細分的等級。

「付人」指階級低的選手，如序口、幕下等階級，待遇很差，在團體生活中，必須負擔部屋中的工作，服侍關取，頭髮綁成沖天炮式，只能穿浴衣、木屐等。

　　「關取」則是正式的力士，如十兩、大關、橫綱等，待遇優渥，有個人的房間，優先用餐，能穿質料上等的衣鞋，而且頭髮綁成大銀杏葉狀，據說這種髮型可以在比賽中防止頭部受傷。

　　種種優厚的待遇，使得相撲選手們一心想進階成為「關取」力士，而爬到「橫綱」階級則是相撲選手們的最高理想。在日文中，橫綱相當於冠軍的意思，相撲在日本有一千三百多年的歷史，而自「橫綱」設置的三百多年來，能達到橫綱地位的力士總數還不到百位。

　　選手們每天認真鍛鍊，就是為了往上提升階級，然而這只能透過每年六場的相撲比賽。

　　當相撲選手走上比賽的「土俵」以後，便開始會有許多特別的準備動作，時而蹲下、站立、撒鹽驅邪，又蹲下、起立，一連串緩慢的動作，都是在為正式爆發

做準備。

　　場上的選手們總穿著一種奇特的丁字褲。這丁字褲是由一條布所纏繞成，這條兜襠布一般需要七公尺以上的長度，寬則是六十公分，使用時折成六層，在腰上纏繞四到七圈，顏色根據選手的等級嚴格區分，只有「關取」可以使用白色。

　　相撲比賽中，勝負的規則非常嚴格，兩位力士中的任何一人先被「搬」出「勝負俵」之外，立即分出勝負；在比賽中如有選手身體的任何一部分接觸到地面，甚至只是指尖或膝蓋碰地，就輸了比賽；除了許多犯規動作，在比賽時，如果丁字褲腰帶被拉下，或重要部位被看到亦是落敗。所以，這塊兜襠布不只象徵相撲選手的地位，也是相撲選手輸贏的判斷準則之一。

　　選手的兜襠布有個不能水洗的禁忌，據說水洗是不吉利的，所以現代的選手都採用「乾洗」方式清潔。不過，不曉得從前的選手是怎麼清潔這條兜襠布呢？

　　選手在晉升十兩、大關、橫綱等的力士晉級儀式時，須在身體腹部圍上一塊大兜布，布長及小腿或膝蓋。這塊繡布色彩鮮豔華麗，繡工細緻，據說造價折合台幣約二十多萬元，是正式力士所穿著的禮服，力士們以此爭妍鬥麗，各有精采圖騰。

　　看相撲比賽，除了選手們的輸贏，品味選手們在比賽中展現出的儀式、動作、耐心、優雅與爆發力的動作等等，更是欣賞這項特殊日本文化的重點。

# 64 世界上唯一專由女性使用的文字是誰在用？

【小學生寫給洋基隊的火星文】

for 親id羊g大大ㄇ：

QQ，安安ㄚㄍ位羊gㄉㄉ，挖 i王j民，王投球好率好褲，

挖ㄟ把拔馬麻也I看王j民，ㄅ託羊g球團ㄍ位ㄉㄉㄅ要ㄖ王j民肥ㄑ3A好ㄇ？

ㄅ然 一後挖ㄟ沒ㄅ球ㄎ看捏，爲了看王j民，挖最近都粉早ㄑ床ㄛ ^Q^，以後挖ㄇ要打ㄅ球，也要打ㄓ棒，ㄅ託ㄋㄇ了，ㄅㄅㄅㄅ，881^^！

看得懂嗎？前一陣子這則讓人哭笑不得的新聞讓人看了好氣又好笑，有人或許也注意到這則國際新聞：

話說美國洋基隊每日都要收到爲數不少的球迷信。有天信件管理者發現了這封令人百思不解的信，還是一個台灣小朋友寄的，洋基隊眾人都看不懂，又擔心是重要的信息，只好送去給人翻譯，沒想到翻譯也只能解讀兩成的文字。後來球隊將信件送至美國FBI調查局，請FBI破解怪文，雖然只有簡短幾行文字，FBI再度花了四十八小時，請了五位文字密碼破解專家，才解出信件內的文字意思。嚇壞眾人的信，原來是一封鼓勵信。

文字專家表示，這封信是他這輩子碰過最難破解的，還說如果寄信者沒有經歷過各種科技的歷練，是寫不出這種文字的，任何密碼都沒有比這種更趨近外星文的語言還難理解。

這就是現在台灣網路盛行的「火星文」。沒聽過？網路上到處都有。而且小學生火星文用得流利，大人卻不一定看得懂呢。重點回到地球的中國湖南，在江永的瑤族有一種獨步全球的「女書」，這是全世界唯一女性專用的文字。

「女書」所用的文字，又稱爲「女字」，因爲逐漸失傳，所以更難破解。女書的規矩是上傳下，母傳女，只有女性可以學習使用，嚴禁男子學習。這種奇特的女書據估計已經流傳了上千年，使用的女性通常用女字記載自己一生的心情故事或是使用在寫信給親密的女性好友時。女書有個習俗，通常人死焚書，因爲有很多私事、心情，不想讓外人知道，所以女書保存下來的數量少之又少。

一般保留下來的都是女人們用女書編的歌曲和創作詩文，作品幾乎都是詩歌，主要爲七言詩，內容談女子出嫁、結拜姐妹、懷念心事、歷史大事等等的事由。瑤族懂女字的女性也會將女字繡在手帕或是衣物上，因爲女字看起來不像文字，反而像許多線條交叉出的裝飾，所以男人多以爲那些只是單純的花紋。

女字是一種拼音文字，每一個字代表一個音。女字的字型稍似漢字，但兩者間沒有關聯，且女字字形傾斜，整體略呈菱形，筆畫秀氣纖細。

　　關於女書的起源，有人主張只是部落的女性文字，有人說是自古以來便在婦女間流傳的一種傳女不傳男的書寫符號。最大膽的推測還將女書的來歷上推至甲骨文時代，因爲女書的書寫特性與甲骨文的使用有某些程度的類似，例如「同音借代」及「字無定形」的特性。

　　不管女字的出處如何，女字在瑤族女性間有其存在的理由與社會背景，在這裡的女性不准讀書識字，丈夫通常也不能由自己選擇，習俗上即使出嫁的姑娘也不住在夫家。女性婚前被關在閨房裡，婚後也還住在娘家，與其他女性一起工作。這樣一個女性與男性隔絕的社會，便是女書產生的奇特背景。

　　現在懂得女字的人越來越少。有許多學者前往研究並且嘗試保存，因爲女書是世界上現存唯一一種由「女性極權領導」的文字，這種「活化石」對社會學、語言學等等的研究，都具有歷史上的價值。

---

**【小學生寫給洋基隊的火星文解讀版】**

給親愛的洋基大哥們：

QQ，安安啊各位洋基大哥，我愛王建民，王建民投球好帥好酷，我的爸爸媽媽也愛看王建民，拜託洋基球團各位大大不要讓王建民回去3A好嗎？

不然以後我會沒棒球看呢，為了看王建民，我最近都很早起床喔^Q^，以後我也要打棒球，也要打職棒，拜託你們了，啵啵啵啵，掰掰^^！

民族文化101問 ?

## **65** 為什麼韓國人那麼愛吃泡菜？

紅！酸！鹹！辣！脆！清爽的口感！這就是泡菜的第一印象。

去過韓國旅遊的人一定對泡菜有不可磨滅的記憶，不管到哪家餐廳，不管哪一餐，不管你吃石頭拌飯、人蔘雞還是韓式烤肉，只要到了用餐時間，桌上一定會出現各式各樣的泡菜。

餐餐泡菜，韓國人這麼愛吃泡菜嗎？是的，泡菜早已成為韓國人生活中的一部分。由於韓國地處高緯，在從前農業科技尚未發達前，常因為天氣嚴寒及土壤貧瘠，無法一年四季都有新鮮蔬

菜可供食用，為了保存蔬菜，便由鹽醃海鮮的保存方式演進成泡菜形式。

這項媽媽傳女兒、婆婆傳媳婦的傳統泡菜技術實在不得了，即便到了溫室蔬菜普遍、新鮮蔬菜隨處可買的今日，泡菜依舊在韓國人的生活中占有很大的一部分。

現在一提起泡菜，人們總是會在腦海裡浮起火紅辣椒的印象。其實韓式泡菜有許多種類，在韓國只要看桌上的泡菜，就可以知道現在是什麼季節。

除了常備的泡菜，在春天，他們會取鮮嫩蔬菜來做泡菜。夏天，會製作清爽可口的帶葉蘿蔔泡菜，還有應時的清涼小黃瓜泡菜。秋天以後，則多是像蔥泡菜這類的泡菜。而過冬常吃的泡菜分成三大種類，分別是常見的白菜泡菜、蘿蔔泡菜和蘿蔔水漬泡菜，相當豐富，口味也多變。

因為韓國是長形的半島，南北季節溫差大，泡菜發酵熟成的時間不同，延伸出地方性的口味特色。北部寒冷，發酵慢，泡菜較單調清淡；南部溫暖，發酵快，會多放豐富的海鮮食材、香料，口味辛辣濃厚；大致上口味由北而南逐漸豐富。

《三國志——魏志東夷傳》中記載：「高麗人擅長製作酒、醬汁等發酵食品。」可見泡菜歷史之久。

最初的韓國泡菜只是單純以鹽泡漬，直到十四世紀末韓國人才開始使用鹽、醬油、醋、米粉、穀物、酒糟、辛香料等調味料來發酵各種泡菜。十六世紀辣椒傳入韓國，慢慢地人們便以辣椒取代昂貴的胡椒來製作泡菜；這段時間，韓國的泡菜從單調的白

色演變成誘人的紅色，不僅風味獨特、色彩豐富，在營養價值上更是大大提升。

泡菜有什麼營養、好處，你知道嗎？

在韓國種植出來的辣椒並不特別辛辣，反而清香中帶點甘甜，相當溫潤，香味特殊。泡菜中的辣椒含辣椒紅素，能預防癌症，也能防止動脈硬化，是天然的抗氧化劑。辣椒還具有豐富的維生素，有助於泡菜發酵時所需要的乳酸菌發育，所以常被用來當作副材料來使用。辣椒的作用不只是讓泡菜的顏色變得鮮紅，它能將動物性營養素和植物性營養素微妙地融合在一起，調和後既美味又對身體有益。

泡菜中不可或缺的角色還有薑跟蒜頭。蒜素能降低膽固醇的合成，也能預防動脈硬化，它所含的胡蘿蔔素成分，還能預防癌細胞的生成；而薑的薑油酮能紓緩心血管疾病，活絡腸胃器官，增進食慾和血液循環。

蔬菜本身纖維豐富，發酵後具有乳酸等多種有機酸、胺基酸、維生素、礦物質等營養成分，是相當健康的食品。隨著蔬菜發酵，泡菜還會產生其他食物無法相比的豐富維生素A、B群、C、E等。近年的禽流感、SARS的疫情，韓國在亞洲逃過一劫，有科學研究即指出是泡菜的助益，泡菜的營養因此評價更高。

據估有六成的韓國菜是屬於涼拌菜，像白菜泡菜、小黃瓜泡菜、白蘿蔔泡菜或韭菜泡菜，韓國人幾乎不炒菜，比起中國菜的煎煮炒炸，韓國的涼拌料理顯得單調，但是泡菜的種類卻超過一百八十種，豐富性毫不遜色，可見韓國人對泡菜的用心之深。

健康營養的泡菜不單單直接食用，還可以當作料理的材料、調味料來使用。泡菜適合與肉類、蔬菜、起司一起調理，也可以用來煎餅、炒菜、煮火鍋、煮麵、煮湯等，每樣都會變成風味獨特的佳餚，想到就讓人垂涎欲滴，難怪韓國人愛不釋口。

---

**【簡易小食譜】——簡單做漢城風味泡菜**

1. 漢城泡菜的主要材料是大白菜。
2. 調味料有辣椒粉、鹽、蔥、薑、紅椒、紅蘿蔔，調成糊狀的糯米粉、蝦醬等可隨自己的喜好增減，喜歡的人也可放些泡菜粉。
3. 作法是先將大白菜切半，用鹽醃三小時，待大白菜變軟，取出用水洗淨，將其他調味料抹入層層葉片，將剩餘醬料放入醃泡，等待發酵入味就完成簡易風味泡菜。
4. 泡菜中也可加入人蔘粉，取少許人蔘粉跟調味料一起抹入菜葉中，不僅更具風味，且對於皮膚美容、健康都有幫助。

## 66 美國家庭為什麼感恩節一定要吃火雞呢？

　　你知道在美國感恩節一天要吃掉多少火雞嗎？據估計是四千五百萬隻以上。這個驚人的數據使得美國白宮演變出一項固定的活動，就是每年的感恩節時美國總統都會在白宮裡赦免一隻火雞，讓牠們在農場終老一生，以感謝火雞的犧牲，這個與眾不同的特赦都會在美國的新聞播出。

傳統的感恩節大餐一定會有烤火雞，大部分傳統的美國家庭在烤火雞時會在火雞的肚子裡填料，填充的佐料是用撕片玉米麵包、香草、雜菜、芹菜等混合做成。每個家庭的食譜配方不太一樣，吃的時候從火雞肚子裡挖出來吃，口感像香草麵糊。

　　在今天不缺食物的環境裡，爲什麼感恩節還是一定要吃火雞呢？這就要從美國的歷史說起。

　　在十七世紀初，一群英國清教徒因爲在英國受到壓迫逃到荷蘭。沒想到在荷蘭也有許多生存問題，於是在一六二〇年，有一〇二名英國清教徒決定乘坐「五月花號」前往美洲追尋宗教自由，他們在海上行駛了兩個月，在這期間有一個人死亡，但是神奇的是也有一個嬰兒出生，所以最後在北美麻塞諸塞的普利茅斯登陸時，船上的人數跟出發時的人數是一樣的，這群最初的移民將這件事視爲上帝的奇蹟與恩典。

　　登陸後，這些清教徒卻遇上生存困難而且一度難以存活，死了一大半的人之後，才得到當地印第安人的幫助。印第安人送給他們食物與火雞，並教他們如何種植當地的玉米農作物、如何捕捉獵物等，他們才有足夠食物順利度過當年的寒冬。這些清教徒爲了感謝上帝及印第安人，便固定每年舉行感恩宴，不過可想而知當年的感恩宴，食物一定不像今日這般精緻。

　　在後來美國歷史發展的期間，發生許多白人與印第安人互相屠殺的戰役，這是整個移民史的遺憾。有許多電影就在描述這類故事，像是卡通《風中奇緣》，正是描述白人與印第安人間的互助與衝突。

感恩節的日子在美國史上被更改過數次，到了一九四一年，正式經由美國國會通過，將感恩節確定為每年十一月的第四個星期四，且幾乎連放四天假期，學生也從此時開始放寒假。

美國從當初的一〇二人，到今天已有二‧六億人口，不論任何背景或信仰的美國人，都會在感恩節當天預備烤火雞、南瓜派、甜地瓜、小紅莓等傳統感恩節美食，一家人團聚享用，以表示對上帝恩典的感謝、對當時印第安人伸出援手感恩、對祖先的精神感懷，於是感恩節成為美國第一個特有的民俗節日，比新年更加盛重。

**【簡易小食譜】──感恩節火雞**

想吃烤火雞嗎？以一般家庭的精巧烤箱設備並不適合作美式的烤火雞，而且不但整隻烤火雞的分量大，要買全火雞也不太容易，所以在這裡變通一下，就做「美式烤全雞」吧：

1. 準備全雞一隻，可只抹少許鹽，也可以取喜歡的口味醃製，可用白酒、鹽、蒜粉，亦有加入少許蔓越莓或醬油等調成的醬汁，任憑喜好。

2. 雞內臟一副、洋蔥五十克、大蒜三十克、吐司丁五十克、青蔥適量、芹菜葉五十克等，除此之外亦可加入自己喜好的口味，切小塊或切碎一起爆香兩分鐘，再加入調味料與少許高湯混合成稠狀，填入雞的肚子用竹籤固定開口。

3. 烤雞時使用旋轉式的烤箱才不會燒焦，不然就包上鋁箔紙，或是在烤盤上墊入一層洋蔥片。雞皮表面可抹一點蜂蜜，放入預熱一百八十度的烤箱中，烤約三十分鐘，時間長短視大小隻而定，期間可取滴下的醬汁再塗抹表面。

4. 美國人吃雞時習慣以一些清爽的調味料當作沾醬，例如酸甜的蔓越莓醬就是搭配火雞肉的絕配。不過，這裡的烤雞滴下的醬汁滋味應該足夠，不需另外調配醬汁。

## 67 啤酒季如何成為慕尼黑的第五個季節？

　　慕尼黑有句趣味諺語：「慕尼黑有五個季節，春夏秋冬和啤酒季」。原來第五個季節就是啤酒季。

　　慕尼黑位於德國南部巴伐利亞省，是德國重要的城市。慕尼黑是早期巴伐利亞王國的首都，也是拿破崙時期的皇室居住地；早在十二世紀它便是歐洲的商旅重心城市，發展至今依舊是德國文化藝術和商業的中心，城市的人口超過百萬，不僅藝術文化悠久，科技工藝也發達。除了歷史的累積，慕尼黑更因為濃厚的「巴伐利亞」風情聞名。

　　一般人一想到巴伐利亞就會想到酸菜、德國豬腳、香腸、啤酒，還有穿著傳統服飾的男女老少，女性的衣裙繡花鮮艷，既古樸又熱情，男性的傳統背帶短褲裝束就像從前的伐木工人一樣俐落；在有節慶的時候，可以看到慕尼黑人穿著傳統服裝出門是非常有意思的。慕尼黑人視之為第五季的啤酒季就是一個盛大的節慶，原本這只是私人性質的活動，沒想到越辦越熱烈，到最後由政府接手。

　　慕尼黑啤酒節的起源可以追溯到一八一〇年。當年巴伐利亞王子路德維西和特蕾瑟公主十月結婚，宮廷的慶祝活動持續了五天。人們聚集到慕尼黑城外的大草坪上唱歌、跳舞，觀看賽馬和痛飲啤酒。從此，這個深受歡迎的活動便一直延續下來，流傳至今，每年九月的第三個星期六至十月第一個星期日就固定成為

「啤酒節」。歷史上，除因戰爭和疫病流行而中斷外，慕尼黑啤酒節已經舉辦一百七十多屆了。

來到啤酒節，你點一杯啤酒就有一公升的分量，有些端啤酒的服務女郎一次可以端出十二杯之多，驚人吧？最近啤酒節的紀錄是，有六百多萬遊客來參加啤酒節，同時喝掉六百多萬公升的啤酒，吃掉五十萬根烤香腸和五萬多份德國豬腳，眞是規模驚人的狂歡節。

啤酒節設在慕尼黑市中心的WIESN廣場，占地四十二公頃。參與的製酒廠可在園區內設置超大型帳棚，約有半個足球場那麼大，裡面滿滿的人，連站的地方都沒有，萬人在帳棚中狂歡跳舞會是怎樣的局面呢？

喝過德國啤酒的人都會稱讚其口味醇厚，所以德國啤酒在世界各地都享有美譽。而德國一千多家的啤酒廠中約有一半都設立在巴伐利亞，不要以為啤酒節裡什麼啤酒都有，根據慕尼黑啤酒節規定，只有保留慕尼黑傳統釀造方法，並符合一四八七年的「慕尼黑純度要求」和一九〇六年「德國純度要求」的優質慕尼黑本地啤酒，才能參與啤酒節，目前符合啤酒節標準的酒廠只有六家。

參與啤酒節的人有七成是巴伐利亞本地人，一成五來自德國各地，其餘才是國外遊客。在為期兩周的啤酒節期間湧入一百萬遊客，不只壯大了這個民俗活動，還帶來了無限商機。

想想一個個青春美麗、笑容可掬的啤酒女郎穿梭在人群中，端送著一杯杯剛從橡木桶倒出來的新鮮啤酒，搭配著當地的烤香腸、德國豬腳、豬肉薄片、麵包圈，耳邊還伴著充滿鄉村風情的音樂，一旁的人跳起舞來，你的腳也跟著打拍子，或許笑鬧到連自己的聲音都聽不到，真是有趣。

啤酒棚外還會設置各式各樣適合全家大小的遊樂設施，舉凡雲霄飛車、旋轉木馬、海盜船、高空彈跳、摩天輪、鬼屋等，彷彿把兒童樂園用魔法搬到現場，應有盡有。啤酒節同時滿足大人的胃口，也滿足小孩的玩興，難怪去過的人還想再去，難怪乎啤酒節會成為慕尼黑人心中的第五個季節。

## **68** 為什麼阿根廷人愛喝馬黛茶？

　　就像探戈或是足球，馬黛茶是阿根廷的文化國寶之一。

　　「阿根廷人愛喝馬黛茶，端著茶壺走天下……」，這是阿根廷有關馬黛茶的歌，兩句歌詞就完全清楚描寫了阿根廷的人文景象，連阿根廷人自己都要說：「沒喝馬黛茶，就等於沒到過阿根廷。」

　　馬黛茶在當地語言有「天賜神茶」之意，採自常綠喬木巴拉圭冬青的樹葉，樹葉翠綠，呈橢圓形，加工製作方法與中國茶葉加工大致相同。它在十七世紀初從巴西傳入阿根廷，因為阿根廷

土壤肥沃、氣候適宜，逐漸取代南美洲其他國家，成為世界上馬黛茶產量和出口量最多的國家。加上在近代的科學分析之下，馬黛茶的活性物質高達約兩百種，是一種合乎健康取向的茶飲，在歐美國家風行一時，可說是阿根廷的農作命脈。

每年的春、夏兩季，是阿根廷馬黛茶豐收的季節。

馬黛茶呈淡翠綠色的碎茶末狀，味道有點苦甘，有人形容第一次喝時像香菸泡水的味道。馬黛茶對阿根廷人而言，不僅僅是一種解渴的飲料，還跟社交及生活密不可分，阿根廷人每天一起床就要喝上一壺，像歐美人喝咖啡的習慣。

如同咖啡與茶，阿根廷人也有豐富的馬黛茶文化，每年十一月分的第二個星期，是阿根廷的馬黛茶節，是阿根廷除了國慶日以外最重要的節日，不管男女老少、不分身分地位，大家都會盛裝出遊。花車遊行跟傳統舞蹈都是常見的活動內容，商人們還可以藉著節慶促銷馬黛茶，甚至舉辦「馬黛茶皇后」的選美活動，選出當年度美麗的馬黛茶代言人。

馬黛茶的泡茶器具有以葫蘆、竹筒、陶瓷、銀器等各種材質做成，形狀豐富，一般人使用的茶具不會有太多裝飾，看起來像是一個小圓筒杯，容量大約在兩百五十毫升至三百毫升左右。

飲茶時，可以單泡，也可以加入糖、牛奶或檸檬汁等。傳統喝法通常先在茶具中添滿茶葉，再加入熱水，然後用長約十五公分的金屬吸管吸飲。這種吸管叫做「Bombilla」，前端呈現扁梨狀，做成許多小孔狀，像過濾的篩子，可以防止茶葉被吸管吸上來。

　　阿根廷人喜歡多人同飲一壺茶，所以拿著茶壺走來走去，端著茶壺輪流吸飲是常見的畫面，而且他們認爲這才是最道地的喝法。一般以尊卑長幼的次序，你一口、我一口輪流吸飲，所以朋友一群人聚在一塊聊天時，就會泡上一壺熱茶，一個傳一個地喝，喝完了再續熱水，繼續傳。據統計，阿根廷人平均一個人一年至少喝掉七公斤馬黛茶。

　　在阿根廷，旁人將手裡的茶壺遞過來時，你非但不能拒絕，還必須喝個幾口，因爲在阿根廷人的觀念裡，這樣分享馬黛茶才是禮貌。如果你不喝旁人遞過來的茶，則表示你輕視對方。而且喝了以後嘴裡還要發出嘖嘖聲，表示自己眞有口福。

　　如果有幸到阿根廷人家裡做客，他們一定會拿出家裡最好的茶具跟馬黛茶出來招待，阿根廷人沒有在家接待客人的習慣，會請到家裡的人都是十分信任的上賓。如同中國飲茶的習慣，阿根廷高級的茶具也是充滿吉祥寓意，而且五花八門，好的茶具亦具有收藏價值。

　　從前阿根廷人請喝茶時，以不同的方法表達心意；這是因爲以前的人含蓄，不好意思把話說出口而演變出來的文化。例如，特別在馬黛茶中加些蜂蜜請對方喝，就意味求婚；如果對方回一杯熱茶可能就是說，我也爲你瘋狂！可是，如果對方給你一杯冷的馬黛茶，可能就要小心情感已經處於破裂邊緣囉！

## 69 中國醬油的由來為何？

每天開門七件事「柴、米、油、鹽、醬、醋、茶」，談到中國人的「醬」，一般人直覺反應就是醬油。因為中國的食物跟醬油分不開，烹飪時可以加入醬油，用餐時也可以搭配醬油，不同的食物可以搭配不同種的醬油，讓食物的口感提升，而且適當地使用醬油還可以提味。因此，在麵攤、餐館中桌上都會擺上一瓶醬油，吃麵可以加點醬油，吃水餃可以沾醬油，吃魯味可以沾醬油，醬油在中國廚房已是不可或缺的角色。不過，在更早之前，所謂的醬是將食物搗成泥狀製成的食品，並非現在看到的醬油。

醬跟醬油都是中國古老的食品，名堂很多，五花八門，出乎一般人的想像，除了穀、豆類製成的醬，肉類、水果、蔬菜也可以做成醬。例如，有麵粉為原料的甜麵醬、米製成的味噌醬、黃豆做的豆瓣醬，還有各種魚醬、肉醬、蝦醬、蟹醬；蔬果方面則有各式果醬、芝麻醬、辣椒醬、桂花醬等等。醬的用途很多，醬跟醬油的作法從西元六世紀初的北魏時期，就已經有完整的釀造配方書籍；而根據記錄。大約在周朝就已經了解醬的製造方式。

從醬到醬油的發現過程很偶然，據說是由僧侶道士首先發現，他無意間讓醃製的豆醬存放得比平常久，結果豆醬表面因為豆類的胺基酸發酵出現一層汁液。人們品嚐這層醬汁後，發覺味道甘美，於是此後便刻意改變釀造方式，以取得發酵的醬汁為主。現在大家都知道醬油是把豆、麥煮熟，使其發酵，然後加鹽

而釀製成的一種液體調味品。

　醬及醬油在唐代時已廣爲使用，而且技術成熟，後來外傳至日本、韓國、東南亞；到了各地後又隨各地的口味有所變化，不過，醬油已然成爲代表中國的世界性調味品。在不久前有研究發現，純釀的醬油含有很高的天然抗氧化劑，一滴醬油就能在一分鐘內消滅比紅酒多出十多倍的游離基，對身體有正面的助益；如果研究上能夠更確定其中的機制，醬油或許還可成爲養生醬油。

　醬油在人們日常飲食中顯得平凡無奇，所以時常忘記它的角色。美國人認爲醬油是中國飲食文化的表現之一，不過他們所認爲的「醬油」跟我們使用的不相同，以爲歐美常用的辣醬油與一般中國家庭使用的醬油雷同，其實那應是英式辣醬油（Worcestershire Sauce）。

英式辣醬油是由英國派駐印度孟加拉任職的尚茲爵士，從孟加拉帶回英國的印度醬油配方。尚茲爵士在一八三五年左右回到英國，他把配方交代給工人配製，工人按方配好後嚐了一點，覺得味道並不佳，於是便裝入罐中放入地窖收藏。過了一段時間，大家都忘記了，等到尚茲爵士突然問起時，工人才從地窖中找出釀造的醬油，意外地發現久放發酵之後風味絕佳，甜甜鹹鹹、味辣鮮美，不同於原來的醬油。這種英國辣醬油上市販賣後，便在歐美流行起來。

　　不過就像美國人一直認爲幸運餅是中國人的餅一樣，英國辣醬油是加入地方風味的新味道，並不是台灣的大豆醬油。

　　所以如果問「醬油是什麼？」對中國人而言，是一種隨手可得的生活必需品；對遊子來說，大概就是家鄉味的鄉愁。

## 70 四川人吃麻辣鍋有哪些益處？

　　說起四川人，「辣」就像他們的太陽。四川人一天不吃辣，大概會覺得自己很悶、很沒精神。

　　麻婆豆腐、宮保雞丁、豆瓣魚、麻辣子雞、五更腸旺、粉蒸紅油、魚香肉絲等，都是有名的川菜，也都是色香味俱全的美食，而其共同的特徵就是「辣」。

　　川菜中另外值得一提的就是麻辣鍋。四川麻辣鍋在近一、二十年於各地流行起來，喜歡麻辣口味的人，把好吃的麻辣鍋當作是一種全身享受的聖品，講究的人不僅要求湯頭、麻辣度，還要加上新鮮的肉片及各式配料。

　　麻辣鍋原是四川人吃的毛肚火鍋，最初以涮毛肚為主，又麻又辣；後來這種湯頭傳到別的地區後，不再以毛肚為主，各式材料皆可入鍋。因為湯頭麻辣，統稱為「麻辣鍋」。

　　四川重慶是麻辣天堂，來到這裡想要一嚐傳統麻辣鍋，一定要放開胸懷，有足夠的心理準備。

　　四川傳統用的鍋子是黑鐵鍋，通常嵌在桌子中間固定住，鍋內以竹子或鐵片排成井字將鍋子分為九格。在這裡享用麻辣鍋，大部分是一群陌生人圍坐著，各自把點的菜放進鍋中的格子，自己管好自己那格；食物燙熟後吃，還不准喝湯，所以在這裡可沒有凍豆腐或是可以吸滿湯汁的豆皮可以點，其實湯也是沒法喝的，因為這裡的湯是很厚的一層油、辣椒與花椒粒。

前一個客人吃完走後，下一個客人接著坐下點菜吃。基本上這個鍋子不洗，湯也不換，只加湯，等打烊時，還要把剩湯倒回廚房大鍋，日復一日吃著四川有名的超級麻辣萬年鍋底湯。

觀光客看了傳統麻辣鍋的排場後大概是不敢吃了，因為除了萬年湯，可以點的菜餚大多是些內臟、鱔魚、泥鰍、田螺、牛肚、牛百頁、鵝腸、鴨腸、鴨舌、豬腦、生鴨血這類的食物。食物種類是小事，衛生的問題真會讓人捏一把冷汗。

但現在聞名而來的觀光客再也不會失望了。當地有許多超級豪華的餐廳，大餐廳提供的湯頭不會那麼油，有鴛鴦鍋可以分成兩種口味，辣跟不辣，這樣吃起來就不會那麼吃力了，只是這種麻辣鍋在嗜辣的四川人眼中是不及格的。

　　傳說麻辣鍋的由來是從行船的縴夫這個行業來的。縴夫在長江沿岸負繩拉船前進，古時沒有馬達運轉的船，遇上急流的地方，要由人力在江岸兩旁用繩索牽引拉動，逆江而上，幫助船隻通過急湍。這些拉船的人叫做縴夫，工作危險，他們終年在寒冷陰濕的江邊跋涉。據說他們在用餐時，常在岸邊架起瓦罐烹煮食物，有野菜、魚蝦等等，愛辣的他們會放些辣椒跟花椒，吃完後通身溫暖舒暢，繼續拉船，後來這樣的吃法便傳到餐館裡去。

　　吃在四川，川菜聞名世界，四川人嗜辣也相當聞名。據說當地人一個月至少要吃上好幾次超級麻辣的麻辣鍋，而且不管哪個季節都吃，夏天更是吃麻辣鍋去濕氣的好時機。

　　辣椒的功用很多，除了去濕、提高新陳代謝，還含有豐富的維生素C，可被提煉成藥物舒緩感冒的症狀，還可製成止痛貼布貼在酸痛的部位，好處不少。

　　四川人嗜辣其實是種身體本能，因爲四川是個盆地，潮濕之氣非常重，並且還有瘴氣，只有吃麻辣的食物才能「解毒」，把潮濕之氣排出體外。四川人很早就知道可以在吃麻辣鍋之前吃些酸奶，就是類似優格的乳酸菌，來保護胃，所以嗜辣的四川人有胃疾的人不多，倒是因爲吃的口味太重，腎臟病的人多。

　　辣椒是一種會讓人上癮的植物，不吃辣的人會認爲愛吃辣的人找罪受。是的，愛上辣椒的感覺就是愛上痛的感覺，辣椒在嘴裡引起的便是一種痛覺。

# 71 日本拉麵的歷史從何時開始？

　　日本人不知道爲何如此嗜吃拉麵，連他們都覺得吃拉麵已經成爲一種國民癮了。而且在日本吃拉麵時一定要發出嘖嘖聲才有禮貌，因爲這樣代表這碗拉麵非常美味好吃！

　　日本的電視節目幾乎常常都會有各種怪主題的「拉麵專輯」，有些拉麵店想吃碗拉麵要排一、兩個小時，光是主持人的說明已經讓人口水溢出來，更別說看到色香味俱全的畫面了。

　　日本的麵是在奈良時代從中國大陸傳入的，據說當時傳入的是麵線類的麵；室町時代已有本土的麵線師傅，後來在麵的製作上逐漸融入日本本土的小麥、蕎麥等穀類，將麵文化發揚光大，形成獨樹一幟的日本麵。製作麵條的師傅一直悄悄地在改革著麵條的口感，彈性可口是最基本的條件，人類對於食物口感的努力追求是永不止息的。

　　拉麵主要是從二次大戰期間開始興起，當時日本經濟嚴重蕭條，生活物資缺乏。在身上沒錢卻又想吃美食的心態下，拉麵這種讓人可以飽足又溫暖的熱湯食物應勢而生，自然地出現在日本人的飲食之中。

　　拉麵在日本已有近百年的歷史，爲適應不同地區居民的口味，產生了各種變化，烹調技術及風味也分成多種流派。基本上分成北、中、南三大區域，口味各有特色，湯頭從輕淡到濃郁，越冷的地帶越喜歡濃稠的湯頭，形成風格強烈的特色。

拉麵種類大致可分成北海道、東京、函館及九州四大地區。

北海道以「味噌拉麵」聞名，特色即在於甘醇香濃，並蘊含大豆強烈的口感。混合了豬骨、雞骨及新鮮蔬果的精華而成的湯頭，加上寒帶特有的粗麵條，油脂豐富、香濃順口的甘美滋味令人入口不忘。

東京的「醬油拉麵」是日本拉麵的始祖，屬於關東風味，許多拉麵店家一定會有這一款拉麵。湯頭是以雞骨為主的原料，配上昆布去除肉腥味，再加上柴魚、小魚干、醬油一起熬製，並以塊狀海苔吸收湯脂，整體的口味較為清淡不油膩。

日本的南部九州、博多一帶流行「豚骨拉麵」，用豬骨以大火長時間熬煮出乳白色濃湯，因而又叫「白湯」，加上蔥、蒜、麻油調味的湯頭以及咬勁十足的細麵，濃厚的口味令人讚不絕口。

　　函館地區則是以「鹽味拉麵」聞名，拉麵中加了多種蔬菜，湯頭口味清淡，更能使人感受到拉麵的真正滋味，是最健康的拉麵。

　　拉麵、湯及配料是構成拉麵最基本的元素，想做出一碗口感和美味兼具的拉麵，所費功夫可不少。常常看到電視上介紹拉麵的湯頭要熬燉十多小時，就已經讓人咋舌，可是當湯汁跟麵條一起唏哩呼嚕吸上來時，美味的共鳴可真不是蓋的！

　　至今，日本鬧區街上往往同時有數家拉麵店進行激烈的競爭，使得拉麵的口味日趨講究，製作過程精緻繁複，加上電視節目炒熱，拉麵遂變成日本主食之一。據估計，目前全日本大概有二十萬家以上的拉麵店。

　　對於拉麵有所堅持的人不只是煮麵的師傅，有許多拉麵迷對於拉麵的吃法也很講究，包括在喝湯之前要研究店家的碗筷，而喝湯要如何喝、麵裡的食材要何時吃等等，甚至拉麵的湯不可以剩超過兩公分的論調都有，因為拉麵的湯頭畢竟是師父的心血。

　　日本人更在橫濱開發出一座拉麵博物館，是拉麵迷必去的朝聖地點，也是目前唯一對拉麵資料收藏最為完整的主題博物館，內容包羅萬象，前往參觀的人數已突破數百萬人次。

## 72 喝英式下午茶有什麼學問？

　　說到喝茶，英國人喝的茶與中國人喝的茶是完全不一樣的，形成東西方截然不同的特色。

　　英國本身不產茶，所以每年需進口大量的茶葉，過去英國人也曾經喝過綠茶，但後來發現英國水質不適合喝綠茶，較適合喝紅茶，慢慢就固定下喝紅茶的習慣。

　　你知道英國人是如何發展出優雅高貴的「英式下午茶」嗎？

　　十七世紀中期，葡萄牙凱瑟琳公主嫁給英國查理二世時，從東印度公司購買了一百公斤中國紅茶，帶進英國王宮去。凱瑟琳公主視茶爲健美飲料，因嗜茶、崇茶而被人稱爲「飲茶皇后」。傾心於茶的她，以茶招待來訪的王宮貴族變成習慣後，從貴族開始流傳，從此茶飲開始釀香在貴族與富人之間，越來越多的人希望能親自品嚐茶的美味。但是當時的茶是進口物品，非常昂貴，有錢人家還把茶鎖起來。

　　十八世紀時，茶已經成爲英國貴族間最流行的飲料，取代了酒在餐飲中的地位。凱瑟琳公主無意間扮演著改變茶史與英國歷史的重要角色。

　　英國人注重「下午茶」，則始於十八世紀中期。因爲英國人重視早餐，午餐往往隨便打發，而晚餐又常在七、八點以後。由於早晚兩餐之間間隔時間長，人到了下午就覺得饑餓。英國公爵貝福德夫人因受不了低血糖的不適，就在下午吩咐僕人準備點心，

貝福德夫人有時會邀請友人來家中飲茶小敘，同時也準備茶及點心招待客人，結果發現這樣的午茶會感覺不錯，在社交界引起一陣熱潮！於是，人們便沿襲下午茶的習慣，發展出英國人下午茶的習慣。後來即便沒有朋友相陪，自己也可以喝杯茶，吃點點心。

英國人強調選擇上好的紅茶是喝茶的要素之一，伯爵茶、錫蘭阿薩姆茶、大吉嶺茶等，都是英國人喜歡的紅茶種類，其中大吉嶺茶還有「茶中香檳」之譽。

　　使用新鮮的水源也很重要。再則水不能煮沸至攝氏一百度，因沸騰的滾水會帶出茶葉的毒素，八十度是安全又不失茶味的理想溫度。茶葉必須適量，太多太少都不好喝。喝奶茶的話，則應先倒牛奶，然後才加茶。

　　茶匙攪動杯中物後，必須放在茶碟邊，而正確的擺法是與杯子成四十五度角，這樣才算是得體。千萬不可將茶匙放到口裡。

　　有茶也要有點心，人們更在點心上面花心思，各式的餅乾、糕點因應而生，精緻講究。英式下午茶正統的點心盤有三層，吃法要由最下面那層往上吃，由下往上口味漸濃，據說如此才能帶出茶跟點心的氣味。

　　講究的英式下午茶，還要考究茶桌的擺飾。茶壺依人數不同使用不同的大小，與杯具組合成一整組。濾匙、放濾匙的小碟子、點心碟、塗奶油和果醬用的茶刀、吃蛋糕的叉子、糖盅、奶盅、端茶用的托盤等，都是下午茶的學問之一。

　　下午茶是放鬆的時刻，讓茶葉在水中浸泡幾分鐘，不能急。邊品茗邊談天，才是飲茶社交的真正享受，至於要不要考慮那麼多餐桌表面的內容，就因人而異了。

## 73 墨西哥人最愛的食物是什麼？

　　穿著大草帽、鮮豔的花裙或是花襯衫白褲子，性格熱情、親切、開朗，自許為「Amigo——友好之國」，以上便是我們對墨西哥人的強烈傳統印象。

　　墨西哥人對於自身所屬的燦爛文明感到相當自豪，首都墨西哥城人文景觀豐富，有古老斑駁的阿茲特克時代遺跡、西班牙式的宮殿與教堂，也有現代化的摩天大樓。

　　這個中美洲的民族喜歡稱自己是「玉米人」，因為他們住在玉米的故鄉，把玉米當作主食，當作生命的泉源。墨西哥人不僅對玉米有著深厚的感情，而且生活跟玉米分不開，就像我們把稻米當成滋養生命的母親一般。所以如果問，墨西哥人最愛的食物是什麼？聽到的答案十之八九都是塔可——Taco。

　　現代考古證實，玉米起源於一種生長在五千年前墨西哥米切肯州巴爾薩河流域的野生黍類。這種黍類變異性強，經過墨西哥人數千年的培育，成為今天擁有數百品種的玉米，也成了世界第三大糧食種類。

　　玉米跟馬鈴薯地位相似，同樣是改變人類歷史的關鍵食物。美國科學家就發現，馬雅文明的滅亡與西元十世紀發生的一場大旱災變有關。

　　馬雅文化發展於今墨西哥南部，當時馬雅人的玉米生產完全依賴降雨和地表水源，他們依靠先進的水庫灌溉大規模的玉米種

植區，滿足數百萬居民的生活，但持續的大旱使得馬雅人居住區發生大飢荒，並帶來文明滅亡。

古代墨西哥人因玉米創立了很多以「祈福」爲目的的文化習俗和宗教儀式，許多習俗一直保留至今。例如，墨西哥南部瓦哈卡州每年在玉米豐收的時候都要舉行玉米節，人們用玉米稈搭成神龕，上面擺滿了各種玉米，人們圍著神龕唱歌，感謝「玉米神」的恩典；墨西哥南部米斯特卡人在播種前將雞血和甘蔗酒撒在玉米地中央，以祈求好收成。

就像中國人觀察時序，爲農作物制定農曆，馬雅人的生活節律也以玉米爲中心。例如，在墨西哥南部的馬雅人居住區域，仍

在使用這種馬雅人在史前時代制定的一部專門指導玉米種植的天文曆法。

墨西哥人每天跟玉米相處，醞釀出獨到的「玉米文化」。除了風俗、手工藝，玉米烹飪文化更是一絕，據統計，墨西哥人用玉米製作的小吃和菜餚總數有六〇五種之多。他們將玉米煮熟食用，用玉米粉烹飪出花樣繁多的小吃料理，例如墨西哥傳統小吃玉米捲餅——「塔可」、玉米粽子、玉米餃子等。西方人便把「塔可」稱作墨西哥人的麵包。

塔可形狀像卡通哆啦A夢的萬用袋，顏色為米白色，裡面可以夾各種滋味濃厚的料理，牛肉、豬肉、雞肉和各種菜類都是絕佳搭配，而優格、番茄、生洋蔥、酪梨醬是墨西哥人喜歡和塔可一起搭配食用的配料。有些地方則用塔可包水果吃，像是西瓜，吃法千變萬化。據說光是「塔可」的吃法就有一百六十六種，墨西哥的男女老幼一日三餐都少不了塔可。

除了吃玉米，當地人也利用玉米葉皮、玉米吃剩的稈來製成手工藝品。在墨西哥城的文化市場上，各種以玉米為材料的小玩具隨處可見。

# 74 客家飲食如何表現客家人的精神？

　　白斬土雞、梅干扣肉、薑絲大腸、客家小炒、菜脯雞、福菜湯等，都是經典的客家料理。

　　客家菜餚是很有特色的地方料理，以今日的美食觀而言，客家菜並不是一種漂亮豪華的菜餚。它沒有大龍蝦、生蠔、也沒有大魚大肉，很少被列入高級餐廳的菜色，所使用的食材平凡，只有土雞、溪蝦、溪魚、山菜、風乾菜等等。在客家菜餚中最常見到的，都是最樸實、最貼近生活的食物，而「樸實」也正是客家人的精神。

早期客家人因為長期的遷徙流離、聚居山高水冷的偏遠地區，及經濟發展滯後等歷史地理因素，造就客家人常吃溫熱、不愛生冷食物的飲食習慣，所以料理多用油煎炒，而辣椒也就成為常用的香料；且因為生活山林之間，山珍野味的食物也自然納入盤中飧。

　　出門即須爬山耗體力，工作條件辛苦，勞動時間又長，需要更多脂肪和鹽分補充大量消耗的熱能，慢慢演變成客家菜偏鹹重油的菜色。

　　由此可見，客家菜的形成，與客家人的生活環境及水準有很大的關係。客家人早期艱苦度日，必須將收成作最佳的運用。過去北部客家村在二期稻穫後進入休耕狀態，但勤儉的客家人，家家戶戶開始種菜，種植最多的是芥菜及蘿蔔。

　　這兩樣冬季盛產的蔬菜，尤其和苗栗一帶的客家村關係密切。當地客家人以客家酸菜、福菜、梅干菜發揚出好吃的芥菜文化，諸如鹹菜燉豬肚、福菜肉片湯、福菜筍片湯、酸菜肚片湯、酸菜鴨湯、梅干扣肉、梅干蹄膀等，都別具風味。

　　生蘿蔔可以切塊燉排骨、雞頭腳；曬乾的蘿蔔則有更多的客家私房菜，例如蘿蔔粄、菜脯包、菜脯蛋、蘿蔔絲煎蛋等等，每當家家戶戶煮飯時，真所謂菜根飄香。

　　客家料理中常見的肉類除了白斬雞以外，封肉、紅麴排骨、紅麴糟鴨都是受歡迎的肉品。過去這類食物往往在節慶過後最多，追究其背後的起源才知原來是和祭祖拜神有關。

　　在物資缺乏的年代，平常難得有機會吃肉，只有逢年過節和

拜拜時會殺雞宰鴨。平日家中男性常常在外地工作，也只有年節時才返鄉祭祖，因此菜色更是豐盛。等到年節一結束，雞鴨肉類在一時食用不完的情況之下，便用「封」和「麴」的客家料理法讓肉可以保存更久，美味又不致浪費。

　　長輩辛勤工作，在從小耳濡目染之下，後代也是一樣勤儉持家。有學者便說，客家人比其他族群更像中國人，更像是由黃河文化孕育出來的漢人：堅毅深沉、無畏無懼、刻苦耐勞、節儉、固執，一直到今天仍然保存著客家的傳統精神、文化禮俗和語言。

　　客家人的料理為著適應生活而來，不華麗取巧，以好下飯的滋味誘惑人一口接著一口動箸吃下，即使今日多數人的生活改善，客家料理在客家人之間還是非常受歡迎。樸實耐吃的食物透露出。客家人對生命的看法是平凡的、不花俏的，甚至是樂天知命的。

---

**【簡易小食譜】──客家小炒**

下飯的客家小炒簡單易作，不過吃客家式的乾魷魚需要一副好牙齒。

準備四人份材料：芹菜一把、乾魷魚一隻、五花肉絲、辣椒、蔥切段。

調味料：米酒一茶匙、鹽四分之一茶匙、味精四分之一茶匙、醬油四分之一茶匙、油一大匙。

作法：

1. 五花肉絲炒乾備用。
2. 魷魚剪成小塊用油炸熟備用。
3. 熱鍋，將魷魚、肉絲、辣椒、芹菜、蔥段一同翻炒，最後再加米酒、鹽、味精快炒即成下飯的客家小炒。
4. 正統客家小炒不發魷魚乾，也就是不將魷魚乾泡軟，如果為了讓魷魚乾好入口，可以預取魷魚乾泡軟。
5. 過去客家人因應生活需求，客家小炒會炒得很油，為了現代人的健康取向，請酌量減少油的使用。

## 75 俄羅斯人的「生命之水」是什麼？

　　俄羅斯人的「生命之水」是什麼？正是伏特加！

　　伏特加晶瑩純淨的特質，適合加上冰塊純飲，或是冰涼後享用。伏特加到了其他國家後，變成用來調雞尾酒的基酒，像著名的「血腥瑪莉」、「黑色俄羅斯」、「白色俄羅斯」、「螺絲起子」、「飛天蚱蜢」以及「奇奇」等，都是以伏特加酒為基酒的雞尾酒。俄羅斯人不管是婚喪喜慶，不管是吃餃子、餡餅或是配乳酪，都可以喝上一杯伏特加。

　　伏特加起源於十五世紀前後，「Vodka」由俄語的水——「Voda」而來，因為伏特加看起來潔淨如水，而生命之水是煉金術士對蒸餾酒的稱呼。當時克里姆林宮的修士在製造伏特加酒時，一開始用的是進口酒精，而後用當地的清澈泉水與穀物釀成伏特加。

　　除了穀物，也有用馬鈴薯做原料。用這些原料經過精巧的蒸餾器處理，就製成酒精濃度高達百分之九十五的蒸餾酒。然後用蒸餾水沖淡，再用白樺木活性碳過濾，這些活性碳是裝在銅製或不銹鋼的圓桶中，經過五、六支銅管或二十多支銅管的過濾後，伏特加就產生了。沒過濾前的新酒，粗澀味濁，過濾後的伏特加，口味變得十分的純清。

　　十六世紀時，許多與伏特加生產有關的文件被俄羅斯東正教會銷毀，因為伏特加的出現使得社會的亂象增加，而且酒鬼變

多，因而被認為是惡魔的發明。即便是今日，酒的問題仍是俄羅斯政府的一大煩惱。話雖如此，伏特加依舊是人們喜愛的酒品之一，同時也是俄羅斯的「國酒」，許多俄國民眾曾經依靠著伏特加度過戰爭。

二十世紀初，在打仗的前線上，每個士兵每天可以換得一百克的伏特加獎賞，於是有人認為俄軍官兵能夠英勇完成艱苦的過程，支柱就是伏特加。即使沒有戰爭，俄羅斯人還是延續喝伏特加的習慣，現在在俄羅斯如果不喝酒，人們就說你不是真正的男子漢，許多俄羅斯男人甚至被批評，竟把伏特加擺在老婆地位之前！

俄羅斯人喝酒誠實，不勸酒，有多少就喝多少，直到喝醉。喝空的酒瓶也不拿開，一直擺在酒桌上，像是凱旋的士兵驕傲地欣賞著自己的戰利品。據說目前俄羅斯有三百萬視伏特加如命的酒鬼、九百萬伏特加愛好者。他們平均每人每年喝掉十五公斤的白酒，每年死於酒精中毒的人有三萬多人。

伏特加陪伴俄羅斯度過百年動盪歲月，和老百姓的日常生活難分難捨，有人說：「在俄羅斯，這不只是喝酒，不只是喝伏特加，而是在喝靈魂。」

俄羅斯人喝伏特加喜歡一口乾，且連乾三杯是很正常的事。雖然伏特加的酒精濃度高，但是因為俄羅斯的天氣嚴寒，喝烈酒很適合。

在俄羅斯過節喝伏特加，在生活、社交都是不可少的。人民流傳說，伏特加加鹽可以治喉嚨痛，伏特加加胡椒可以治感冒，一小杯伏特加乾杯可以降血壓，一天一杯伏特加可以長命百歲，反正俄羅斯人就是一定要找藉口喝酒，沒藉口也要喝，因為這是他們的「生命之水」。

# 76 滿漢全席大餐如何成形？

在封建王朝，皇帝有至高無上的權威。國家所有的一切都是九五至尊的，那「皇帝萬歲爺」吃些什麼呢？當然是他想吃什麼就吃什麼，而著名的滿漢全席起源於清朝。

順治元年皇太極在皇極殿舉辦定鼎宴，是清朝入關後的第一次大宴。此後，順治年間又設多至宴、大婚宴、鄉試宴、萬壽宴等許多不同的筵席，每種筵席都有其規定的格式。

康熙晚年，國勢強盛，大小飲宴習以為常。康熙皇帝六十壽辰時，宮廷舉辦了一場有名的「千叟宴」，邀請六十五歲以上的老叟將近三千人參加，這場千叟宴盛會要席開幾桌呢？

清宮宴的名目多，筵席內容分為滿席和漢席，因為滿人與漢人的飲食習慣不一，而最早的「滿漢全席」概念便是將兩種民族的菜色一起舖辦。滿漢全席取材廣泛，它把各地的美食以精緻的技巧豐富呈現，不論是滿族菜的燒烤、火鍋、涮鍋，或是漢族烹調特色的扒、炸、炒、溜、燒等，皆一併納入筵席。

傳說「滿漢全席」的名字是

康熙皇帝取的，康熙皇帝在宮廷內嚐了滿席跟漢席的菜色之後，親筆寫下「滿漢全席」四個字。也有另一個說法指向乾隆六次南巡，他到哪都喜歡嘗試當地的名菜，所以逐漸形成這樣的規模。

現在紀錄完整的滿漢全席約有一百四十三道熱菜、四十八道冷葷及各種鮮果點心，一般分為六席，三天食完。全席製作工藝精細，菜餚都是廚師精雕細刻、巧心烹煮，來由名堂也不少，才足以成為許多人夢寐以求的一套盛宴。熱菜之外的甜點涼果更是花樣盡出、光彩奪目，這中華帝王之宴堪稱是飲食的極致展現。

演變至後，滿漢全席成了官場中舉辦宴會時滿人和漢人合坐的一種全席。每逢科舉考試結束後，地方官吏宴請主考官，師生一堂，入席時大小官員穿著官服就座。筵席的場面、規模、等級、陪宴人員的職位、供應筵席用的烹飪原料及果、酒的品種和數量等等，都有嚴格的規定。

眾所皆知，滿人入主中原以後，漢人對於滿人的高壓統治是相當不滿的。漢人的比例較滿人高出許多，為了方便管理，清朝在內外文武官制上就必須兼用滿、漢兩族。因此清朝定都北京後的重要政策就是拉攏漢人官僚、有錢地主和為數最多的文人學士。滿漢合治的官僚體制形成後，逐漸演變出新的飲宴形式需求，這正是滿漢全席形成的政治背景。

剖析滿漢全席的成因，不僅限於飲食風尚，還必須考究當時的政治環境，因為滿漢全席意味著：不管滿、漢皆納入統治版圖的野心。原來，這可是一頓超級政治飯呢！所以怎麼不是鴻門宴呢？

## 77 非洲民族為什麼愛吃昆蟲？

　　蝴蝶捉在手上不是用來觀賞，而是撕下翅膀咀嚼下肚；蜂巢被摘下來不只是享用蜂蜜，蜂蛹的滋味較之一般肉類更肥嫩豐腴；烤熟的毛茸茸黑蜘蛛是最香甜可口的零嘴，據說滋味像鮮美的蟹肉；佐以蒜頭、九層塔炸得酥脆的蟋蟀，比小魚干還香味四溢；有一些地方把全身是毛的毛毛蟲當成蛋白質佳餚，一看到花花綠綠正在蠕動的毛毛蟲，想到的是毛蟲在口中的滋味，不小心口水便滴了下來。

　　許多人看到昆蟲便覺噁心，或是全身爬滿雞皮疙瘩。但是愛吃昆蟲的民族，將昆蟲視為天賜的美味，這大概是絕口不吃昆蟲的民族難以去瞭解和享受的味覺感知。

　　隨著媒體的發達，昆蟲可以吃的這件事，有越來越多人瞭解及嘗試。將昆蟲當作美味食物的人，當然也越來越普遍，加上營養豐富，昆蟲這種食物的身價自然水漲船高。

　　非洲人吃昆蟲的起源甚早，大概是因為昆蟲是最容易取得的食物。非洲人吃昆蟲也不一定烹煮，像是白蟻他們就常常生吃，現代還有人用巧克力醬沾著生白蟻一起食用。

　　非洲人對蝗蟲又愛又恨，恨的是上百億隻蝗蟲一來就吃掉所有的植物和農作物，害得他們沒了食物。於是，蝗蟲就成為居民最方便果腹的食物。

　　據說中非人最愛吃一種蝴蝶的蛹，叫做「希尼」。在蝴蝶繁殖

季節，附近的樹林裡會出現大批的「希尼」。這時當地人會提著桶子進入樹林中去抓「希尼」，中非人吃昆蟲的方法都很簡單，可以用火烤乾再吃，也可以把蛹水煮燙熟，再加些鹽，就是一道全家一起享用的美味料理。

還有許多昆蟲也是非洲人愛吃的食物。據聯合國估計，約有數百萬的非洲人生活在貧瘠的土地上，以食用昆蟲跟樹根為主食，顯然吃昆蟲很方便，也是最容易在當地生存的飲食方式。

吃昆蟲絕對不是非洲人的專利，在南美、亞洲許多國家，昆蟲是司空見慣的美味料理。南美的墨西哥有「昆蟲之鄉」的稱號，墨西哥人對昆蟲的料理很有心得，可以舉出許多暢銷食譜；像名菜「墨西哥魚子醬」中的魚子醬便是蒼蠅卵，其他如螞蟻、甲蟲、蒼蠅、蚊子、臭蟲、蜻蜓、蝴蝶都是墨西哥人喜愛的食物。

中國民間本無吃昆蟲的特別紀錄，但是卻有傳說故事。據說在唐玄宗開元三年時，關中因為嚴重的蝗災，民不聊生，沒想到人民因為「蝗」字有「皇」不敢撲殺，反而對蝗蟲焚香祈拜。當時大臣們對民間行為逢迎附和，只有宰相姚崇力排眾議，認為蝗蟲是害蟲，不能在「蝗」字上做文章，最好的辦法是以蝗代糧，既能充飢，又能除害。唐玄宗接受姚崇的意見，親往蝗災地區「御駕滅蝗」，在城樓上當著百姓的面吃油炸蝗蟲，稱讚美味可口，百姓紛紛仿效，這場因蝗災而生的飢荒才告平息。

不同的昆蟲風味不一，有的像蝦蟹的口味，有的甜蜜如水果，有的酸酸甜甜，滋味萬千。看官們真以為自己沒吃過昆蟲

嗎？龍舌酒中可是浸泡著龍舌藍蟲，一種大型蝴蝶的幼蟲。

　　根據新聞報導，美國食品藥物管理局承認，要完全將昆蟲摒除在加工或新鮮食物之外，乃是不可能的事。因此，他們制定了一套食物含昆蟲量的標準。譬如，每一百公克巧克力中，可允許多達六十個昆蟲碎片。所以美國人在不知不覺中，一年下來也吃下不少的昆蟲了。

　　當然，現代有許多人是特意上昆蟲餐廳一飽口福。昆蟲種類繁多，繁殖容易，又富含人體所必需的蛋白質、胺基酸和維生素，營養全面而豐富。有人曾表示，太空人不能將豬、牛帶上太空去吃，卻可以帶上一大袋營養豐富的昆蟲，你認為呢？

## 78 馬鈴薯在歐洲本來是豬吃的食物？

薯條、洋芋片、可樂餅、咖哩飯、燉牛
肉、馬鈴薯泥、沙拉等等，都需要使用到
馬鈴薯當食材。馬鈴薯是今天許多國家
的主食之一，不僅各式料理會運用到馬
鈴薯，光是速食業販賣的薯條一天就不
知道要用掉多少個馬鈴薯，更別提世界上
有多少人正同時在吃著馬鈴薯這樣食物。

　　絕大多數的人都喜歡馬鈴薯的口感與滋味，也認同馬鈴薯是
難以取代的一種食材，可是你知道馬鈴薯在歐洲曾經被認為是給
牲畜吃的飼料嗎？而且當時的歐洲人還把馬鈴薯叫做「惡魔果
實」！

　　其實這是因為馬鈴薯一開始時，並不像今日的馬鈴薯那般鬆
軟香甜美味。過去的馬鈴薯品種小，外觀看起來其貌不揚，煮熟
後還有臭臭的土味，一點也不好吃。

　　馬鈴薯原產自南美洲，現今科學家經過化石與現今二百六十
一種野生馬鈴薯及九十八種人工培育品種，進行科學基因分析比
對之後，證實目前遍布世界的馬鈴薯最早出現在七千多年前的祕
魯南部，而且來源只有一個。

　　印第安人於六世紀左右才開始種植馬鈴薯，到了一五七〇年
西班牙人登陸南美洲，馬鈴薯才被西班牙人帶回歐洲。

　　馬鈴薯進入歐洲後並不受歡迎，但是因為馬鈴薯適合在貧瘠的土地上耕種，而且適合冬藏，所以農夫們開始發現這種植物似乎也有好處；直到十八世紀末，北歐、愛爾蘭這些地方發生嚴重飢荒，數百萬人因為吃馬鈴薯才免於餓死，這才徹底發現了馬鈴薯的優點。否則在之前，還有虔誠的天主教徒認為吃這麼醜的馬鈴薯會帶來可怕的疾病，而歷史學家竟然將人口爆炸的罪魁禍首指向馬鈴薯，因為馬鈴薯避免大量的窮人死去。

　　馬鈴薯傳入歐洲二百五十多年後，開始被人們普遍接受，鹹魚翻身。一八三〇年左右，炸薯條就已經風靡歐洲，然而比利時人跟法國人到今天都還在爭論著是誰發明了炸薯條！不過，這頂大帽子目前是被法國人戴上了，畢竟炸薯條就叫做「French Fries」——法國薯條。

　　人們回顧馬鈴薯帶來的影響之後，不得不認為馬鈴薯的出現比鐵路、交通建設的影響都還大。很難想像如果沒有馬鈴薯這種作物讓貧苦大眾飽食的話，這個世界會變成什麼樣子？

　　今天馬鈴薯在農業改良下變得好看又很好吃，還被譽為地下蘋果。因為馬鈴薯的成分有益身體健康，馬鈴薯連皮整顆都可食用，料理方式多，又含有豐富的蛋白質、澱粉、維他命A及C、鐵質、葉酸、鋅等微量物質。基本上依人體所需要的養分而言，每天只要吃馬鈴薯加上牛奶，身體就有足夠的營養了！當然是受到全球歡迎的食物。

　　目前全世界每年大約生產三億公噸的馬鈴薯，人們對馬鈴薯的喜愛只增不減，不分區域、種族。

## 79 美國人最愛吃的糖果是什麼？

　　糖果的甜容易討好人的味蕾，帶給人幸福甜蜜的感覺，自古以來，一直有許多種糖果在人類的社會中買賣著，可是糖果的製作技術成熟也不過才近百年的事而已，所以糖果可說是另類的世界性文化。因為糖果不能成為主食，可是卻可以給人快感，滿足人們的慾望，是屬於慾望城市中的一環文化。

　　人類吃糖的歷史可以追溯到一萬年前，起源地是新幾內亞。這個地區的人用了七千年的糖之後，製糖技術才傳入埃及、印度等地，直到阿拉伯人將糖帶入歐洲，加上歐洲國家四處殖民，才傳至各處。

　　糖傳到了各國之後，依著當地的民情風俗有了各種變化，像是中國傳統的畫糖、龍鬚糖、貢糖，以及英國太妃糖、墨西哥骷髏糖、瑞士巧克力、義大利的煤炭糖、沖繩黑糖、韓國人參糖等等，各國著名的糖果不勝枚舉。

　　中國的龍鬚糖在宋朝時就已經受到帝王的青睞，得了龍鬚之名；有趣的是美國也有「總統糖」，那就是美國已故雷根總統最愛吃的「Jelly Belly糖豆」，因為雷根總統非常愛吃，所以台灣人過去暱稱這種糖果為「雷根糖」。「Jelly Belly糖豆」曾經榮登保羅・魯安哥所寫的《美國最佳一百！》的美國最佳糖豆。有許多名人都喜愛這款糖果。

　　雷根總統從一九七六年就開始吃「Jelly Belly糖豆」，之後不

管是在總統辦公室或是總統座機裡，一定都會擺著「Jelly Belly糖豆」。而當年雷根總統對糖豆的熱愛，還促成了藍莓口味的誕生，讓當年在雷根總統就職宴會上有紅色、白色及藍色三種美國國旗顏色的糖豆可供賓客選擇，據說這場宴會一共使用了三·五公噸的「Jelly Belly糖豆」。

「Jelly Belly糖豆」也是第一顆搭乘太空梭到外太空的糖豆，讓美國太空人可在太空梭裡享用充滿家鄉味的「Jelly Belly糖豆」。最近哈利波特風行，糖豆工廠研發製造出各種奇特有創意的口味，再度掀起一陣大眾吃糖豆的熱潮！所以如果讓美國人票選心目中的糖果，「Jelly Belly糖豆」肯定是代表美國的糖果之一。

「Jelly Belly糖豆」的主人是葛利茲家族，一八六九年葛利茲家族即開始製糖，起初做的是一種「奶油」糖果。這種糖果生產了很多年，橫跨兩次世界大戰。後來發展出「糖果玉米粒」，至今美國人萬聖節還時常吃這種糖。

「糖豆」的正式形成是在二十世紀初，但是早在羅馬時代糖豆所使用的果膠就已開始使用。當時的糖果叫做「土耳其快樂糖」，作法是在糖及玫瑰水中加入膠凍，使糖水凝固像膠塊，

再切小方塊，變成小軟糖，是孩子最喜愛的小零食。

十九世紀末，廉價糖果大量出現，糖果製造商開始想著幫糖果做些改變設計，例如包上糖衣，以特別的技術製造較特別的糖果，像是小軟糖丸、糖豆及硬糖球等。後來巧克力的出現，讓美國人瘋狂著迷，糖果一度式微；但是因為巧克力在戰爭期間嚴重短缺，使得糖果的生命再度復活，而這時美國最多的糖果就是各種糖豆了。

葛利茲家族在一九六五年起也加入糖豆的市場，直到一九七六年，一個製造天然口味的糖豆點子讓「Jelly Belly糖豆」誕生，而且迅速打敗其他牌子的糖豆。

「Jelly Belly糖豆」最初有八種口味，櫻桃、檸檬、香草汽水、鮮橙、青蘋果、麥根沙士、葡萄及甘草。現在經常製造的口味約有五十種，還不定時研發出新的口味，像哈利波特風促成的口味有哪些你知道嗎？除了一些正常的經典口味，還有肥皂、義大利麵、菠菜、灰塵、鼻屎、蚯蚓、耳垢、沙丁魚、嘔吐、培根、臭雞蛋、義大利麵、波菜等等。

看了這些口味，你想試試看美國人除了巧克力以外最愛的糖豆嗎？別怕，你還是有其他口味可以挑選的，像是爆米花、黑胡椒、肉桂、卡布奇諾等等，不過吃的時候要認明每一顆「Jelly Belly糖豆」上面都有印上「Jelly Belly」的註冊商標！

## **80** 德國人為什麼不吃章魚？

　　章魚是魚嗎？正確答案
是：章魚不是魚類，而是軟
體動物中的貝類，牠的形象
常常讓人摸不清楚牠的底
細，大大的黑眼睛，軟軟的身
體，長長的八隻腕足胡亂揮舞，
腳上還有一顆顆可怕的吸盤。牠
生氣的時候會噴出黑黑的墨汁，
攻擊敵人時會纏住對方的身體，
十足是恐怖的八爪異形，許多人都
害怕這種看來柔軟卻凶猛的海底生物。

　　雖然看起來可怕，東方人倒是很喜歡吃章魚，因為章魚的肉
很肥厚，尤其新鮮的章魚煮熟後，口感清脆爽口，很受歡迎。

　　章魚可以搭配許多的食物一起食用，例如章魚壽司、海鮮沙
拉，或是切成碎片撒在披薩上一起烘烤。日本人發明的章魚燒就
十分受大眾歡迎，章魚燒是一種柔軟的丸子狀食物，像高爾夫球
一般大，由章魚和多種食材混合，搭配上美乃滋及芥茉醬一起
吃，是夜市常見的點心。

　　義大利墨魚麵也是章魚料理的精華，麵條以章魚體內的墨囊
製成，墨囊是製造墨汁的器官。根據科學研究，墨汁成分營養又

健康。

　　在許多章魚料理中，最特別的是韓國人活吃章魚的殘忍方式。韓國人直接取活體章魚，切下章魚的腕足，小塊小塊地生食，剛切下的腕足不會立刻死去，還會急劇地蠕動，吸盤也還在反射地活動中。依韓國人的說法是享受章魚的新鮮與刺激，你想要試一試嗎？

　　德國人以肉食為主，雖然也喜歡吃海鮮，但因為德國的地理位置在歐洲中部，只有北部靠海地區的德國人常吃海鮮，大部分的德國人連魚都不太吃，更遑論吃章魚了。

　　德國人大部分是由日耳曼民族組成，古日耳曼民族遵循古老的基督教義：凡是有鰭有鱗片的海鮮不吃，章魚也被納入其中；同時日耳曼民族也認為章魚及烏賊的古怪模樣代表著誘惑、背叛、說謊者的形象，如果吃這麼邪惡的動物會給自己帶來不幸。

　　在十七世紀前後，歐洲北部謠傳著「大海怪」的傳說。傳說挪威外海有大如小島的海怪，大海怪不僅殺不死，還有八隻腳。捕魚船經過會被牠整艘擄去吞掉，邪惡的樣子更甚《美人魚》卡通裡的八隻腳巫婆，被海怪腳上的吸盤吸住的人絕對逃不開。其實章魚只生長在溫帶與亞熱帶海域，北歐應該是看不到才是，所以到底八隻腳的大海怪是什麼呢？我們不得而知，不過德國人叫章魚是「惡魔之魚」，大概他們真的很討厭死纏爛打的章魚吧！

　　喜歡吃章魚的人一定難以理解討厭吃章魚的心態，所以不愛吃章魚的人一定更難接受章魚的「美味」。如果德國人知道日本人認為章魚是藥師佛在海上乘坐的吉祥物，恐怕也不能置信吧！

# 81 泰國的長頸族是天生的嗎？

　　耳環是很普遍的裝飾，現在不分男女都有人穿耳洞；而泰國緬甸的女孩子在十二、三歲的時候，必須挑個吉日，舉行穿耳洞的儀式，儀式進行時要邀請親朋好友參加，之後還必須舉行慶祝宴會，表示小女孩已經長大了。在現在泰北的難民居住處，有個大耳族（拉呼族），女孩從小就將耳洞弄得很大，平時把耳洞不斷撐大，因為耳垂越長，表示越幸福長壽。

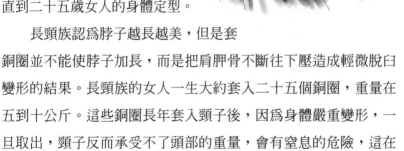

　　同樣在泰北難民營，緬甸的長頸族就更讓人震驚了。所謂的長頸族並不是遺傳造成的長頸，而是人為造成的；長頸族的人認為長頸為美，所以女童從五歲起便開始把銅圈套在脖子及四肢，約十歲起則每年套一個進脖子，直到二十五歲女人的身體定型。

　　長頸族認為脖子越長越美，但是套銅圈並不能使脖子加長，而是把肩胛骨不斷往下壓造成輕微脫臼變形的結果。長頸族的女人一生大約套入二十五個銅圈，重量在五到十公斤。這些銅圈長年套入頸子後，因為身體嚴重變形，一旦取出，頸子反而承受不了頭部的重量，會有窒息的危險，這在

現代人的眼中是相當不人道的作法。

關於長頸族的由來早已被遺忘，但是坊間有一些流傳的說法：有說長頸族的祖先是龍與鳳，天生就有美麗的長脖子，所以頸長成了審美標準；還有說長頸族的女性美麗動人，為了避免流落外族，所以才為族裡的女性掛上頸環；第三種說法是因為長頸族村子發生災難，天神降下老虎專咬女子，所以長頸族的女人戴上層層頸環，以避免被老虎咬到脖子，久而久之，原本防身的方法變成美麗的象徵。

現在位於泰北的長頸族變成泰國的觀光勝地，有許多觀光客前往一探究竟，拍拍照片，買買紀念品，驚嘆之後便離去。而據說泰國政府也為了賺取觀光財，不但保護著長頸族，甚至變相鼓勵她們的傳統。

長頸族的陋習就像中國古時候女子的裹小腳。中國男人認為小腳美，女人只好使用殘忍的手段來造美，一般在女子小時候就將腳丫子打碎，打碎後再用長長的裹腳布將腳纏成小小的弓狀。整個過程痛徹心扉，刻骨銘心，直到長大成人，腳的形狀固定變形，變成男人眼中美麗的三寸金蓮。而這人造金蓮，使得女子以後再也無法正常行走，而這時代下的女子卻還要回頭感謝當初幫忙纏足的人，真是殘忍。

長頸族女人的肩膀長期負荷重量的情況，造成肩部皮膚淤青潰爛，行動不便；天氣熱的時候銅圈還會燙到不行，就像可怕的酷刑。索性現今長頸族的女孩已經有別的路可以選擇，不一定要接受頸圈的束縛。

## 82 瀘沽湖畔的女兒國有哪種另類的婚配方式？

　　《西遊記》第五十四回中提到唐三藏一行人來到西梁女兒國，一進女兒國，只見這裡的婦女不分老少多穿著長裙短襖，看起來粉面嬌容，舉止豪放地在街上做買賣。看到三藏一行人，市集上的她們還興奮地大聲喊著：「人種來了！人種來了！」原來女兒國把旅行經過的男子當成繁衍後代的人「種」。

　　在故事中，美若天仙的女王著迷於一表人才的唐三藏，一時春心蕩漾的女王耍無賴手段逼婚，藉著不肯給通關牒文留下三藏，而三藏無奈只好虛情應付，假裝同意與女王婚配，以騙取通關印鑑。

《西遊記》中很難得可以看到莊嚴的唐三藏變成虛情假意的模樣，所以更突顯女兒國的橋段有趣。看到女兒國裡女權為政，再對照東方父權為主的社會環境，後人更加好奇吳承恩筆下華麗的女兒國究竟是真實還是虛構？

　　或許吳承恩曾經聽到旅人傳述過女兒國的故事，因為在現代中國雲南的瀘沽湖畔就有一個「女兒國」，至於是不是吳承恩筆下的女兒國就難以得知了。

　　瀘沽湖畔住著「納西族」中的一支少數民族「摩梭人」，這群摩梭人正是母系社會的活化石。摩梭人的文化因為隱匿在高原之中，隔絕於山明水秀的瀘沽湖，所以演變出與漢族完全不同的語言與民俗風情。

　　真實世界的女兒國裡當然不是只有女人居住，只是在摩梭人的思想裡是女尊男卑。女人要從事養家活口的工作，甚至還要做大部分的家事；而且在家族間以母系血統為共同生活的方式，計算家產也只能計算母系部分。就這點而言，如果說漢族人喜歡以開枝散葉的方式繁衍後代，那摩梭人的哲學便是集中血脈以壯大家族。

　　舉例來說，母系社會中的男人不扶養自己的孩子，而是留在自家幫養自己姊妹的孩子。若以漢人的稱謂來說，摩梭人的孩子是由媽媽、舅舅跟家中的阿姨一起養大的，而爸爸只是偶而帶點禮物來的人，這點很特別吧！

　　「走婚」是維持母系社會運作的一大民情特色。在女兒國裡「男不娶，女不嫁」，男女雙方以自由戀愛為主，沒有經濟依賴關

係，母親家人都不能干涉；而男女若有相愛意願，則循她們的走婚遊戲規則成事。

通常只要女方同意，男方就可在夜裡「爬牆」上花房找女方；花房是女生成年後專屬自己的房間，男方在天亮前就要離開，不可居留，不然會被嘲笑，這就是「走婚」。而一旦感情破裂，也不需要多說些什麼，只要男方不再來訪，或是女方在自己花房外放一雙男鞋，男人就知道自己不可以再來了。

雖然走婚在現代人眼中看起來荒唐，但是這裡絕不像外人想像的浪漫隨便，摩梭人走婚都是一對一，嚴禁近親。在摩梭人中還有一項非常極端的「害羞文化」，例如：不熟的人不可以在當地問婦女問題，這一點在她們認為是很不禮貌的，所以家中有不熟的客人來時，便會讓人去請舅舅回來接待客人；而且女人不可以隨便說出輕浮的話，連聽都不行，會被長輩嚴飭指責。

在摩梭人的生活習俗逐漸公開後，「走婚」最讓外人覺得神祕之處反而是在於她們的自由精神。女兒國的女兒們因為居住偏遠貧困，所以絕不像《西遊記》中描述的生活美麗；在文化制度下女人有權、有自由，可是女人因此必須更勤勞，更辛苦工作，而男人相對的也就懶散，在外人眼中這是自由與權力的代價，不知道在她們眼中如何，而且有了比較後，她們會比較喜歡哪一種生活？是賦予父權？還是女權至上？

現代的摩梭人因為交通逐漸普及方便，生活也遇上許多改變。教育觀念風行草偃，這個女兒國不知道還能在世界上存在多久？

## **83** 哪個民族結婚時新郎要向新娘射箭？

　　真是匪夷所思，是什麼民族的奇怪婚俗會要新郎向新娘射箭呢？——原來是裕固族！

　　裕固族是回紇的後代，主要分布在甘肅省河西走廊肅南地區，如果你曾經前往絲路，說不定也曾看過他們。他們的衣著鮮麗，帶著特殊的頭面帽飾，除了自己本身保留下來的民族傳統，還融合了漢族與藏族傳入的文化，在食衣住行各方面都有豐富的特色。而且裕固族人很愛唱歌，根據學者研究，他們的民歌甚至保留下兩千年前匈奴時期的曲調，所以裕固族代代傳承著祖先留下的文化。

　　裕固族的婚俗十分具有傳奇色彩。他們在婚禮上一定會請歌手來唱歌，而最特別的是婚禮儀式上，新郎必須向新娘連射三支箭，象徵破除邪氣，以祝福新郎新娘白頭偕老。當然，這三支箭都是沒有箭頭的。之後，新郎必須把弓箭折斷，扔到門旁，由老人投進火裡燒掉。

　　據說這個習俗來自族裡古老的傳說：

　　許久以前，因為當時的人們不會生火，所以裕固族也沒有火，只有附近的三頭妖有火。後來有一位英雄取來了造福大家的火種，分送給大家後，自家必須小心翼翼地養著火種，平常不用的時候要取大塊的牛糞讓火繼續悶燒，並在上面覆蓋一層灰。

　　當時，有一對新婚夫婦，丈夫要出遠門，離家前殷切叮嚀妻

子要小心持家，可是小妻子在丈夫外出時不慎讓火種熄滅了。

　　當妻子發現的時候，火種都已經涼了，而且她們游牧搭帳的地方空曠，附近沒有人煙可以借火。

　　沒火不能煮東西，妻子就隨意拌了點涼菜吃。等到傍晚時，卻見遠方白煙裊裊，妻子一想，擔心丈夫嫌棄自己不會持家，趕緊騎上馬，想去向那戶人家要點火種。

　　馬兒走呀走，循著白煙，妻子找到一個正在煮食的老婆婆，她向老婆婆說：「婆婆，請妳給我一點火種吧，我不小心讓家裡的火種熄滅了。」

老婆婆動手取了火種拿給她，還說：「姑娘，妳要小心一點，不要再讓火熄滅，跟三頭妖借了火妳可是得要獻血給他的。」

妻子說：「謝謝妳，老婆婆。我知道的，我要趕快回去，不要遇上三頭妖了。」

妻子帶著火種回家後，小心翼翼地照顧著火種，再也不敢讓火熄滅。沒料到第二天，天才黑，三頭妖竟然來敲這對新婚夫婦的家門，妻子一看到三頭妖嚇得臉色發白，雙腿不住發抖。原來，前一天她所遇到的老婆婆正是三頭妖變的，三頭妖威脅地說：「妳向我借了火，所以，妳就要用妳的血還我，不然我就吃了妳。」

妻子害怕地無力反抗，只好讓三頭妖予取予求，只見三頭妖在她身上鑽洞收集血來喝，接連著幾天都是如此。幾天後，丈夫回家了，赫然發現妻子不只舉止怪異而且十分憔悴，丈夫向妻子詢問後，氣憤不已，於是假裝離家引三頭妖來。

一看到三頭妖，丈夫就狠狠射中三頭妖的其中一顆頭，經過一番搏鬥，丈夫再用箭射殺了妖怪的另外兩顆頭，可是他也因為受了重傷倒地死亡。後來傷心的妻子便用珍貴的火化掉丈夫的身體，再將骨灰埋起來，因此裕固族也有火葬的方式。

從此，裕固族人民為了防止妖精再來，也為了紀念那位射殺妖魔的英雄，舉行婚禮時，在男方家之前要燃起兩堆火，讓女方從中走過；而新郎要向新娘射三支箭，象徵新娘有勇敢善射的丈夫保護，妖魔鬼怪不敢興風作浪，吉祥地嫁進婆家。

## 84 在哪個國家不能稱讚新娘子變瘦了？

結婚是人類最特別的一項禮俗，也是婚禮上新郎及新娘人生中最重要的日子，所以每一對新人一定都希望自己在結婚當天是世界上最美麗的主角。

世界這麼大，自然也有許多我們不曾聽聞的奇風異俗，就在我們瘋狂減肥，追求苗條，希望自己身材輕盈的同時，還有一些種族她們的審美觀跟現代社會完全相反。例如，阿拉伯人一直都喜歡娶胖胖的女人。

古代西非奈及利亞的伊博族，女孩子一旦訂婚後，就必須要安住在茅屋中吃更多食物，最好不要多勞動，吃飽睡足養得腰圓體胖。胖可不是我們所說的豐腴而已喔，當地人認為的福泰是身上要有層層的肥肉，吃不胖的女人男方是不想娶的。因為當地人認為，娶個福態老婆會給男方家族帶來好運，所以結婚時，如果新郎覺得新娘不夠胖，還可以將婚禮延後，要求新娘回家再養胖一點。

過去西烏干達巴希馬族的男性也是以女孩子肥胖的程度來判定她們的魅力。在結婚前一天時，新娘必須要胖到不能走路，只能搖搖晃晃地慢慢移動。在婚禮上，來賓可以對新娘子評頭論足，從她肥胖的皺褶多寡和走路的姿態來決定新娘是否美麗，是否能夠興旺家族。

結婚之後，太太仍然必須繼續保持肥胖的身材，不需要做粗

重家務，也不需要出門，只需與丈夫指定的男人發生性關係即可；這種性關係包含著丈夫的經濟來源，所以肥胖的妻子也是丈夫經濟能力的象徵與工具。

目前非洲西北的茅利塔尼亞是唯一還保有餵胖習俗的國家。茅利塔尼亞大部分的國土都在撒哈拉沙漠裡，約有一個法國大，人口近三百萬人，生活貧瘠，可是街上的行人看起來都很有分量。

當地女性見面時如果說：「妳最近瘦了。」這真是晴天霹靂的壞消息，回家後一定拼命吃東西。每天害怕自己又被人嫌胖的女性想搬去茅利塔尼亞過幸福人生了嗎？請繼續往下看。

　　當地女性為了福氣，從小時就被母親強行餵食，不只三餐，早餐之前要多吃一餐，連半夜也要叫醒喝一大罐牛奶才能繼續睡覺。而且這是家庭裡媽媽的重責大任，媽媽必須負責幫女兒「填食」肥胖，她們認為瘦是非常不健康的，而且在傳統的思想上，她們認為男人愛的是胖女人。事實上在沙漠地區，胖胖的女性具有一種母性的安全感，所以男人基於天性會獨鍾豐滿的女性，但是極端增胖就太離譜了。

　　茅利塔尼亞的男人幾乎都是瘦子，一點都不胖，因為他們很辛苦地工作著，所以對於女性的痛苦不知道了解多少？

　　任何人都知道「過食」與「強食」都是非常不舒服的，嚴重還會使身體受傷，將來身體受不了之後還會得到各種疾病，例如糖尿病、胃病、高血壓、關節炎等，當地有許多婦女就面臨疾病的折磨。

　　動畫電影《神隱少女》裡面有個「無臉男」，一直吃、一直吃，把美味的食物都往肚子裡面放，吃到最後肚子很大很撐，幾乎變成喪失心性的大怪物。直到少女千尋把靈藥往「無臉男」的嘴裡塞之後，才讓「無臉男」將吃進去的東西吐出來。而且吐出來的東西再不是原來的樣子，變成淹沒浴室的可怕腥臭爛泥，真是可怕。

　　無臉男在虛構的世界裡可以狂吐，可是茅利塔尼亞的女人卻不能把食物吐出來，她們將食物隨著洗腦的傳統思想一起吞下肚了。

## 85 苗女如何用蠱毒留住情郎呢？

「蠱」，這個聽來可怕的字，據學者研究從春秋戰國時期就有蠱的流傳，歷史悠久，而且一直蒙著神祕的色彩。

人生智慧的經典《易經》第五十三卦便是蠱卦，從字面上的形象來看就是一堆蟲子在器皿蠕動的樣子，有蟲的器皿，可見器皿裡面有著腐敗的食物，多可怕的情景，而這個卦象的喻意自然也是不好。

歷史上漢武帝特別崇信神仙之術。當時後宮嬪妃爭權奪利，有妃子讒言有人以巫蠱害帝，或說太子養蠱，引發一場「巫蠱之禍」。除了宮廷中數百人被捕殺，還牽連數萬人受死。

律法上認定教人施放蠱毒是一種謀財害命的邪術，所以在刑罰上是十惡不赦的大罪，隨著歷史的因素，巫術只能躲藏在隱密的鄉村角落。而許多有關放蠱的傳聞，漸漸指向居住在偏遠的雲貴高原上的苗女，即使大多數人都未曾親眼目睹，可是大多數人也言之鑿鑿，到底是子虛烏有，還是真有其事？

傳言中，這套用來害人的古老的巫術，是以人工方法培育出的一種毒蟲。說法紛紜，不過毒蟲培養的方式倒是很類似，主要是把許多毒蟲關在同一個容器，不餵食東西，讓牠們互相殘殺，彼此互食；最後剩下來的那一隻，便是最毒的蠱王，製蠱人再取出蠱王製成要用的蠱。

一般說法，蠱的種類非常多，常見的有金蠶蠱、蛇蠱等，而

據說中了蠱術，就必須聽命於放蠱人，並定期服用解蠱藥，除非放蠱人願意解蠱。

不論蠱術是真是假，不管蠱術如何被利用來害人性命，苗女情蠱的特質就是「必須遵守約定」。在有關蠱的故事中，情郎和負心漢是少不了的角色，差別只在於忠實與否，所以關於蠱的許多傳說為苗族女子感情增添不少熱情濃烈的特色。

就像一般流傳的故事，描述男子來到苗寨，愛上美麗的苗女，可是又有不得不暫時離開的理由；所以苗女就會要求男子在

約定時間之內往返，一旦沒有準時回來，蠱毒就會發作，使負心漢莫名死亡，但是準時回來就會得到一個如花似玉又痴痴等待的妻子。分析故事背後的含意，其中有絕大的道德嚇阻成分，花心的男人聽了故事還不懼怕？

熱情美麗又全心為你付出的苗女情人還可能會告訴你：根據苗族的習慣，在苗女成年之後，母親會傳授製蠱的方法給女兒；而且這種方法不可以告訴任何人，因為這是一種保護自己的武器，男人聽到這裡應該更不敢隨便造次了。

在感情世界裡，不忠對男女雙方的情感有很大的殺傷力。電視新聞裡常可以看到人們因為爭風吃醋發生血案，而接受傳統教育的苗女對於感情的忠貞，更懷抱著寧可玉碎不為瓦全的堅持。

如果結婚證書簽訂了以後也有情蠱的效果，你還敢不敢簽呢？不然就不簽，要不就要一輩子負責任，真是甜蜜又沉重的負荷，所以往心理層面一想，原來「情蠱」是苗女要求男方對情感的保證書而已，至於能不能留住對方？只能說，感情合則來，不合則散，強求只會讓雙方痛苦不已，最後引火自焚。

## **86** 為什麼新娘在婚禮上要穿著一身白紗呢？

　　中國古代結婚的喜服是大紅色的鳳冠霞帔，鳳冠雍容華貴，霞帔吉祥如意，再加上紅轎子、紅燈籠、紅蠟燭……，大吉大利，充滿著喜氣，可是經過西化運動之後，傳統的婚俗被大大改革，而鳳冠霞帔也只有在拍婚紗照中才有機會亮相。

　　現在提到新娘，大多數人都只會在腦海中浮現出一幅穿著一襲白紗的新娘模樣，看來美麗神聖，好似即將邁入神聖婚姻的天使。即使是傳統的中國人也被白色禮服的純潔美麗征服了。不過，西方人結婚穿白色禮服的習慣，是十九世紀後開始的事，在這之前結婚禮服並沒有講究款式或顏色。

　　一般都認為白色禮服從英國盛行，其中有兩種說法。

　　一者是維多利亞女王結婚時，身穿雅致的白色禮服，此後，這個美麗的形象就在民間流傳，沿襲下來。

　　另一則傳說故事則是有位愛爾蘭貴族喜歡上農村小鎮的平民少女，可是皇室不允許血統混亂，自然不答應這對愛人結婚。貴族不畏百般阻擋，堅持所愛，於是皇室方面開出交換條件：要求女方在一夜之間製出一件白色聖袍，而且為了展現新娘對愛情的虔誠奉獻，聖袍的長度必須從愛爾蘭皇室專屬教堂的證婚台前一直延伸至教堂大門。

　　白色聖袍是天主教教徒在典禮上穿的禮服，象徵真誠純潔，這種聖袍很普遍，可是教堂的走道很長，一夜之間要新娘縫製出

約十六公尺長的聖袍根本是不可能的任務。為了成全這對愛侶，當晚整個小鎮的婦女們徹夜未眠，一起幫忙在天亮前縫製出一件精緻且耀眼的白色聖袍。於是，愛爾蘭皇室只好允諾兩人結婚，進行這場王子與灰姑娘的婚禮。

不管何者為真，約在一八二○年以後，白色禮服才逐漸成為婚禮上的主角。在白色禮服盛行之前，歐洲的婚禮中，新娘們只以戴面紗及花環製成的頭冠為主。帶面紗的起源很早，可以遠推

至西元前十世紀，當時頭紗有禦寒、保暖、裝飾及宗教上的用處。《聖經》上就記載著：女性在祈禱時，如果不蒙著面紗，就表示污辱頭、污辱神，所以帶面紗是遵守教義、順從神的表現。

在希臘羅馬時代，在希臘，婚禮當天，新娘要一直帶著面紗及花環，直到晚上兩人回到房間。而在羅馬，還要求面紗的顏色要遵守規定，不同信仰必須戴不同顏色的面紗。

面紗有許多種形式，慢慢地精緻化，最後更擴大演變成蓋頭式的，頭上的花環也添上珍珠裝飾，變至後來在婚禮上只用純潔的白色。

現代英國人結婚都要舉行白色婚禮，新娘要穿白色禮服，頭戴白色花環，還要罩上長長浪漫的白紗，手持白色的美麗花束，以白色象徵純潔乾淨的愛情。新郎新娘在交換戒指信物後，證婚神父會詢問雙方是否願意終身互相照顧，一旦同意，便會請新郎與新娘互吻，禮成。

## 87 拋繡球為什麼跟表達愛意有關？

「花開不亞千團雪，香散真愁一夜風；

　簾外月明斜弄影，冰壺倒濯玉玲瓏。」

——清・王正

繡球花又名八仙花、粉團花、紫陽花、雪球等，原產中國。百花如繡，形象團圓如球，花開時宛如千團粉雪，讓人看了美麗消愁。

中國古代因為繡球花美麗豐圓是幸福美滿的象徵，因此將婚嫁時的綵帶結成繡球花的樣子。

古時婚姻多父母之命，媒妁之言，如果還有找不著合適伴侶的，也有將婚事付諸天意，最有名的就是戲曲中的「王寶釧與薛平貴」的故事，用「拋繡球」來招親。也因為這個唐朝的故事很受歡迎，所以拋繡球更變成一個招親的方式。不過，這個一拋定終身實在有點不可靠。

　　拋繡球也是中國壯族青年表達愛意的獨特方式。壯族把繡球做成各種形狀，有圓形、方形、菱形，有的還做成各種動物形狀。上端有條彩帶，下端繫一尺長的彩絲穗子，球內填充穀糠之類，大小不一，輕重不等，一般不超過一斤。比賽時，男女相向分列兩隊，各有一裁判。一方起先發球，球落對方場內，接不住的，要罰唱歌或表演節目。之後再輪換拋球。

　　繡球作為愛情信物時，拋法又不相同。有的是在對歌時，姑娘趁無人注意悄悄地送給意中人，對方則以手帕、毛巾之類物品回贈，兩人繼續對唱下去，藉以增進瞭解。有的是姑娘看中了誰，便定點拋過去，對方如亦有情意，即繫上禮物，回拋過來。繡球能打開雙方心扉，為彼此的進一步接觸、瞭解，製造機會。

　　中國藍靛瑤也拋繡球，然而，它不僅與壯族相媲美，而且更具特色。藍靛瑤每年春節前後、農曆三月三前後以及秋後農閒時節，這三個時節男女青年都有互相邀約聚集唱山歌、拋繡球的聚會習俗，一般縣際鄉際相邀居多。

　　藍靛瑤「拋繡球」活動特殊的地方，是在於舉辦拋繡球活動有特定的程序。第一步是發邀請函，又稱為「限花」；第二步則等待姑娘回覆，之後才能舉行會集，在活動中對唱、拋球、野餐、入戶坐堂、進餐、對歌，分別等等。

　　藍靛瑤男青年，欲向別村發出邀請，必須事先瞭解該村未婚女子的情況，以全村未婚男青年的集體名義，向別村的未婚女子發出「限花歌信」和謝情信。花的瑤語意思為「妹」，寫給姑娘的信很講究，要有文采，還要把邀請細節內容註明清楚。

寫好後，就由專人送到女方村中最有威信的未婚女子家中，之後召集村中姑娘商議，如何應對，該接受或是不接受等等，還必須取得家中父老的同意才能回信。

　　回信後，如果接受邀約，姑娘們就可以準備製作繡球。繡球以三塊不同顏色的四方形布料縫製，共有五個角，每個角還要接上紅、綠、藍、黃、白的綢緞，使之拋起來飄飄揚揚，絢麗多姿。

　　拋繡球日期一到，男女青年喜氣洋洋，盛裝打扮，參與活動。雙方會一起互相問好後，才開始邊唱歌邊拋繡球。

　　繡球有兩種拋法。一是群體拋，這是交際拋，男女雙方可以拋給任何一個人；二是專一拋，男女經過一般性的交往之後，認識了對方，對彼此產生了好感，姑娘就從衣袋中拿出特製的繡球，拋給意中人，並把繡球送給男方，以表示自己的心意，如男方願意以後，以繡球為證，派媒人來提親。

　　活動到中午，姑娘們早已備好了豐盛的午餐，有花糯飯、臘肉或新鮮豬肉、雞肉、雞蛋、豆腐等。它一方面表示女主人熱情與好客，二方面顯示女主人的勤勞與富有。但小夥子要吃這餐飯並不容易，必須經過幾番「考試及格」才能進餐，實際上又是一場山歌比賽。

　　換個方式看壯族的拋繡球的確是一種很有趣的習俗。所謂不打不相識，以運動的聯誼活動為名來認識異性的確是自然又不尷尬；而且在運動中可以更清楚地發現異性的多方表現，真是有趣，也是另類的婚配方式。

## 88 為什麼伊斯蘭教成年男子都要戴瓜皮帽？

　　「墨西哥帽」的形狀就像一個大飛碟，帽沿又寬又大，正是陽光的好剋星。「棒球帽」前沿剛好遮住陽光，使得光線不會直射眼睛，相當方便輕巧，受到大眾的歡迎。而仕女喜歡的西帽，除了是搭配衣著的配件外，還有禮儀意涵。

　　帽子的功用除了約束髮型、禦寒、保暖，還可以裝飾，在我們的生活中有各式各樣的帽子，而且功能不一。但是為什麼信仰伊斯蘭教的男人他們都會戴著一頂不能防風沙、不能防日曬，而且看起來很奇特的穆斯林瓜皮帽呢？

　　其中最主要的一個原因就是對伊斯蘭教的認同。伊斯蘭教正是一般人常稱的回教，而信仰伊斯蘭教的人我們通稱為「穆斯林」，意思是順服真主的人，身體奉行真主的人。

　　對於穆斯林而言，男子出門沒有戴帽是失禮的行為，戴帽在他們的眼中象徵著自尊和尊重他人，是一種美德。所以許多信仰伊斯蘭教的人們一年四季都戴著帽子，有的人甚至只有睡覺的時候才脫去帽子。

奇怪的是，他們怎麼愛戴這種沒有帽沿的帽子呢？原來是因為他們根深蒂固地認為有帽沿的西式帽子，是那些心地不光明的基督徒在戴的，帽沿正是為了遮住被污穢的心。所以，如果自己戴有邊的帽子，就是承認做了虧心事。

二十世紀初土耳其的國父「凱末爾」就曾經因此引發嚴重的帽子風波。當時凱末爾政府準備改革土耳其的封建制度，因為採宗教自由，所以希望減低伊斯蘭教的分量；當時政府頒令禁戴穆斯林帽，沒想到因此造成許多人的反彈與亡命出走，一時擦槍走火演變成「帽子事件」！

信仰伊斯蘭教的的種族很多，所以在穆斯林帽子上的細節也顯得有些不一樣。大多地方以白色為主，有的地方則沒有限定顏色，但是不管顏色如何，對帽子的質地或對美麗花紋的考究要求是相同的。舉例來說，中國維吾爾族在過年期間喜歡買一頂顏色鮮豔的新花帽過好年；而維吾爾族的女子除了要懂得做帽，還要懂得繡花裝飾，繡功優劣正顯出女子的能幹與否，所以製作帽子還可被列入婚嫁要求的重要條件呢！

因為伊斯蘭教強調男子穿著以白色為主，因此許多穆斯林戴著白帽。不過，也有許多種族特別喜歡多重色彩的花帽，除了媲美，他們還可以從帽子上所繡的花樣，識別出對方的身分或是居住之地。

穆斯林帽對於信仰伊斯蘭教的人民相當重要，功能性或許不強，但是凝聚向心的能力一流。觀察世界上的宗教，除了手持念珠，大概還沒有類似穆斯林帽這樣有威力的信物。

民族文化101問❓

## 89 為什麼沙烏地阿拉伯女子出門都要搞神祕？

夏天走在路上，我們可以看到很多女孩子衣著清涼，甚至可以看到她的肚臍穿戴著特別的臍環，腳上穿著華麗精巧的涼鞋，還會露出跟手同一套的彩繪腳指甲，性感又美麗。來到游泳池或是海邊，還有更引人遐思的比基尼，以及各種撩人的姿態，這種情形普遍皆是，而且歐美國家對於身體的開放程度，更有以參加天體營為樂的。

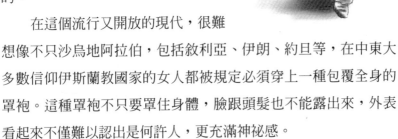

在這個流行又開放的現代，很難想像不只沙烏地阿拉伯，包括敘利亞、伊朗、約旦等，在中東大多數信仰伊斯蘭教國家的女人都被規定必須穿上一種包覆全身的罩袍。這種罩袍不只要罩住身體，臉跟頭髮也不能露出來，外表看起來不僅難以認出是何許人，更充滿神祕感。

伊斯蘭教主張男性穿白，女性著黑；所以女性罩袍多以黑色為主，其中的變化是可以添加一些不顯眼的花紋。當然，這種只有眼睛露出來的黑色罩袍並不是用來搞神祕，而是「遮美」。

在《古蘭經》中有說到，女子不可執著於外貌或是虛榮於外在，應該內斂、保守。而在《古蘭經》中也有提及，女子除了眼睛及雙手，其他的部位都是「羞體」，換句話說是「非禮勿視」的

區域，對穆斯林而言，「羞體」除了先生及禁止結婚的血親、姻親可以看到之外，不可以給別的男性看到。

伊斯蘭教的女性只有在婚禮中，可以穿著清涼美麗的衣服跳舞狂歡，所以男性絕對不可以到女性的地方來。其中只有新郎能進來，如果新郎來的話，那些參與的無血緣女性，就必須停止跳舞，並將頭巾長袍穿起來，只有新娘和新郎的女性血親可以繼續跳舞狂歡，這種日子也是女性少數可以放縱的日子。

有關《古蘭經》上的種種說法都未提及女子必須將臉遮蔽，但在日後卻演變成一座超級枷鎖，從西元八世紀，穆罕默德死後一世紀，開始鎖住伊斯蘭教女子的一切。據傳當時要女子戴上頭罩不是為了禁制女性，而是為了保護女性的安全，但是會不會只是一項藉口就不得而知了。

時至今日，還有許多伊斯蘭教國家限制女性的受教育權、工作權、投票權等，甚至沙烏地阿拉伯還明文規定女性不可以開車，除了這些歧視，中東還保留著對女性行使私刑的可怕暴力行為。例如，有位信仰伊斯蘭教的女主播在電視播報新聞時不願意戴上頭巾，結果遭受一名伊斯蘭教徒殺害。

如果女性被懷疑不貞潔，下場往往是被自己的父兄以私刑殺害，如果沒有父兄，還可能會遭到鄰人的殺害。

到底罩袍底下是什麼樣的世界呢？不是美好的軀體，也不是什麼值得遐想的禁區。因為罩袍沉重，加上中東的天氣炎熱，這裡的女子多半因為悶熱產生皮膚病、掉髮，因為重量造成身體變形，甚至產生眼睛退化嚴重。所以，你還認為中東女子神祕嗎？

## 90 為什麼印度女子看來像朵美麗的花？

在電影、電視或是雜誌裡，我們都可以看到美麗的印度姑娘，她們穿著輕飄飄的鮮豔衣裳，戴著美麗的裝飾品，尤其是眉間的一點紅點，看起來眞是艷麗無比。因爲她們看起來美麗動人，印度風也跟著在服飾界以及飲食界流行起來。

印度女子身上穿的傳統服飾叫做「沙麗（Sari）」，沙麗的特色是顏色強烈、圖案精緻，傳統印度印花布風味獨特，充滿魅力，穿著美麗的女子走在路上，就像一朵朵嬌豔的花盛開在炎熱黃沙中。

沙麗原本只是一大塊未縫的布，從前在印度未縫過的衣服是「淨衣」，所以很多人都穿無縫衣，以前有些傳統的寺院還規定穿「縫衣」的人不可以進入的！那個時代，裁縫師是沒法在印度生存的。

　　印度女子將沙麗以特殊方式纏穿在身上，不僅包裹住全身，還充滿韻味，傳統沙麗裡邊是不再穿任何東西的。想要包起來好看，布料的織功也得講究，過去以絲綢加工織成的布才能稱為沙麗，不過，現在因為科技進步，衍生出越來越多不同的材料，所以布料也產生許多種變化。不僅布料起了變化，現代設計師也不斷改進沙麗，改成方便穿著的型式，例如上半身做成一件小衣服，下半身則包穿為裙，穿好後再披上一件同款大披肩就相當優美了。在印度，少女一旦穿上沙麗後，也暗示她已經可以結婚。

　　穿上了沙麗，如果眉間少了「蒂卡」（Tilak）就少了印度嬌艷的味道，原來「蒂卡」正是印度人眉心上的紅點，意喻吉祥，所以也有人稱為「吉祥痣」。

　　吉祥痣通常是紅色，傳統以硃砂混合麵粉團，再加一些麝香或檀香等香料調配而成。除了圓形還可以做成不同的形狀，現在還有許多顏色可供挑選，甚至有商人做成許多種顏色的圓片貼紙，方便直接搭配服飾使用。

　　「蒂卡」固定點在眉宇之間，離鼻樑一寸的部位。印度傳統認為，前額的眉心是人們生命力的所在之處，這個位置潛藏著靈魂的智慧，甚至人所有的思想和行為都由這一點支配，所以點上彩色的「蒂卡」象徵著睜開靈魂的第三隻眼。

　　至今，在印度所有的儀式或典禮的開始，歡迎與辭別時，人們都會手捏稻穀粒在眉心部位示意一下，正是表示祝福。

　　吉祥痣這種消災祈福的宗教符號，男女老少都可點。還有人因為自家的小孩太可愛，所以為他點上黑色的吉祥痣，希望黑色可以讓孩子看起來不那麼可愛，比較好養，避免遭到不幸。所以，有些漂亮女孩子也這樣作，不過她們會使用紫黑色。

　　在印度的婚禮上，點吉祥痣是不可或缺的儀式。有的地方是在婚禮之前請長者或祭司，為新娘點吉祥痣祈福；有的地方則是在婚禮儀式最後，才由新郎為新娘點上吉祥痣，象徵著婚後生活美滿。等到生孩子或回娘家時，婦女會點上紫黑色的吉祥痣，而且寡婦是不點痣的，錯點還會被家中的長老叨唸。

　　結婚後的婦女必須在額頭上抹上粉紅色的粉，表示丈夫健在，而寡婦只能穿著守貞潔的白色沙麗，不能打扮，所以可不要弄錯了。

　　了解印度女子的傳統服飾後，也不要忘了腳要搭配與沙麗相襯的華麗涼鞋，上面會點綴珠寶或是優雅的編織，很有印度特色，更把女孩子美麗的腳完全展現。不要只是羨慕印度女子美麗，印度風的服飾現在也很容易買得到，大家不如邀集朋友一起開個印度風派對吧！

## 91 蘇格蘭裙裡有什麼名堂？

　　英國是由英格蘭、威爾斯、蘇格蘭和北愛爾蘭組成的聯合王國。對我們而言，他們都是英國人，但對他們自己而言，可是把自己的族群歷史分辨定位得很清楚。

　　或許我們不甚了解英國歷史，然而英國有句諺語說：「蘇格蘭短裙等於一部英國史。」所以，我們就從蘇格蘭裙來認識英國吧。

　　到底蘇格蘭裙有什麼名堂呢？

　　蘇格蘭裙的英文是「Kilt」，英格蘭人認為蘇格蘭裙是英格蘭的商人湯姆・羅林遜發明的。十八世紀初，羅林遜在蘇格蘭開設工廠，他覺得工人穿著的制服相當不方便工作，於是命裁縫將當時使用的披肩連身裙從中裁成兩件，製成類似現代看到的蘇格蘭裙。不過，蘇格蘭人認為早在十七世紀中已有歷史記載蘇格蘭軍隊以蘇格蘭裙為制服，所以蘇格蘭裙的歷史應該更早。

　　在十九世紀以後蘇格蘭裙才開始在貴族間流行，後來逐漸演變成各宗族的族服，最低階的平民只能使用單色，越高階層的貴族可以使用越多配色，國王有七色。

　　現在蘇格蘭人還是把蘇格蘭裙當作是正式的服裝，在婚禮或者其他較正式的場合穿上，英國王儲查爾斯王子就常穿著蘇格蘭裙出席蘇格蘭的傳統活動。

　　不過這時就有許多好事之徒會猜測查爾斯王子的裙底風光，

原來穿蘇格蘭裙基本上是不穿內褲的，這其中還有個傳說：

　　早在三百多年前，蘇格蘭與英格蘭不斷在打仗，蘇格蘭人為了團結一致，所有的軍人都穿上蘇格蘭裙作為戰服。當時蘇格蘭高地發生一場保衛戰，在一次緊急的戰況中，一位蘇格蘭軍官突然下令：「所有的士兵只穿著襯衫！脫掉下半身衣物！向敵人進攻！」

　　這些軍人服從軍令，把蘇格蘭裙跟內褲都脫下，拿起武器奮勇殺敵，對方一見到這些看似瘋狂的軍人以為他們嚇瘋了，反而害怕起來，猶疑不定，最後潰散而逃。於是這群蘇格蘭軍人反敗為勝，暫時保住據地，據說穿蘇格蘭裙不穿內褲的習俗便因此流傳下來。

只是不久之後蘇格蘭還是被英格蘭打敗。為了怕蘇格蘭人造反，英王還下禁令，禁止使用象徵蘇格蘭精神的蘇格蘭格子呢布以及風笛。這場禁令長達四十年，幸好染布技術在鄉下被偷偷保存，但卻也逐漸失傳；之後為了保存華麗的蘇格蘭格子呢布，才有英格蘭商人發起解禁運動，重新復興蘇格蘭格子呢布。

蘇格蘭裙的長度設計在膝蓋以上，在蘇格蘭必須搭配又厚又硬的皮鞋，配上厚長襪，腰上還可搭配獸皮袋或是短劍，而不同的格子花色代表不同的宗族或是階級，蘇格蘭裙的格子花色可以專利登記來定義，據統計目前登記的就有兩千四百種以上的花式。

小小的一件蘇格蘭裙充滿學問，在英國蘇格蘭地區有傳統專門店販售。如果你不喜歡蘇格蘭裙，還有各式各樣的用蘇格蘭格子呢布製成的產品，有圍巾、披肩、領帶和毯子等等，都是充滿蘇格蘭風味的紀念品。

其實穿蘇格蘭裙不穿內褲最大的原因，可能是當時人們的內褲很大件，質料不如現代的貼身，所以穿在褲子或是裙子裡面都會露出難看的痕跡，蘇格蘭人因此才不穿內褲。而且當時不只蘇格蘭裙裡不穿內褲，甚至穿長褲時也是不穿的，所以內褲機能不良可能才是主因。

在現今內褲較舒適、西褲盛行的時代，男人穿短群又被稱譽的，大概也只有蘇格蘭裙有這個特權了。所以想在公開場合大方穿短裙亮相的帥氣男子，可以前往蘇格蘭地區一試，到時如果手中再拿個風笛，就更富有蘇格蘭形象了。

## 92 古埃及人為什麼要畫眼影？

　　伊麗莎白・泰勒飾演《埃及豔后》風華絕代，至今人們仍然難忘她雍容華貴的形象。在電影中可以看到埃及豔后萬種風情，時常變換造型，可是不管什麼造型一定勾勒著濃濃的眼妝，將眼睛突顯得明亮有神，埃及豔后妝至今仍是眼部化妝術的重點。不過，根據古埃及出土的浮雕及塑像的研究，學者發現畫眼影的絕對不止埃及豔后。

　　從出土的文物發現埃及人在人像眼睛周圍都會加上一圈眼影，浮雕上的人物也是如此，由此觀察到在埃及不分男女人人都會畫很深的眼影，所以學者推論畫眼影的絕對不只是為了化妝而已，一定還有別的目的。果然，在科學檢驗木乃伊之下，發現古埃及人在上眼皮塗黑色，下眼皮塗綠色，而且這樣的習慣在埃及流存的歷史很久，據考究，古埃及人塗眼影的其中一個目的應該是為了殺菌消毒。

　　因為其中黑色眼影成分多為硫化鉛，綠色眼影成分大半是孔雀石，而孔雀石當中所含的硅酸銅，同樣具有殺菌效果，能夠預防眼疾。

　　殺什麼菌呢？除了預防一般的結膜炎，再來可能就是尼羅河地區有一種專愛在人的眼睛中產卵寄生的蒼蠅，為了減低被寄生的危險，古埃及人便在眼皮上塗上厚厚的藥品。而且塗上厚眼影也有保護眼睛不受埃及強烈陽光傷害的效果，像現在有些球員都

會塗黑色偽裝膏在眼睛周圍，原理是黑色可以吸熱吸光，使眼睛看到的陽光亮度降低，不會因為陽光反光漏接高飛球。

從歷史文化的觀點上來看，也有學者認為這是一種避邪的裝飾。在今日伊斯蘭教世界中，依舊傳說有一些精怪會用眼睛讓人生病，只要被這種壞精怪一瞪，人就會被邪魔入侵，其實在中國也都有類似的說法。

基於相似的理由，古埃及人也可能認為邪魔會從眼睛入侵，所以在眼睛上塗上一層避邪的保護層，這樣的說法很容易理解。

而且相傳埃及冥神之子荷魯斯與叔叔邪神戰鬥時被戳瞎一隻眼睛，如此的神話更加深古埃及人對魔從眼入的信念，所以眼影在文化上也被推論是埃及人驅邪避兇的一種裝飾。

在埃及古墓裡挖掘出許多關於化妝的陪葬品，眼影棒、眼影膏瓶子、梳子、鑷子、剃刀都是常見的陪葬品，手工精緻講究，古埃及的化妝術也因此被認為是今日化妝術的起源。

現代的化妝術主要以「美」為出發點，化妝品日日在發展更新更好的配方。除了產品的品質，還有化妝的技巧及其型態，這些都隨著時代的流行腳步變換，不管是埃及豔后妝、或是前一陣子流行的頹廢煙燻妝，與現在受大眾歡迎的透明蘋果妝等等，都是女性愛美所留下的證據。而這些竟然也累積成訴說不盡的女性愛美文化史，在埃及語中，「化妝」一詞的意義有「愉悅」以及「儲存化妝品的小容器」兩種解釋。

## 93 日本平安朝貴婦穿十二單衣不嫌厚重嗎？

　　二〇〇五年十一月，日本皇室的清子公主毅然下嫁平民，而公主的結婚裝扮自然受到大眾的矚目。婚禮當天公主穿上素雅的長禮服，晚上的婚宴則換上和服，在新聞稿中還公布清子公主在結婚前三天，穿上當年參加明仁天皇即位典禮時所穿過的日本傳統皇室服飾「十二單衣」，正式拜別父母和皇室祖先。

　　「十二單衣」一詞時常出現在日本漫畫或是小說中，很多人或許都在電視媒體上看過。十二單衣是日本平安時代制定的貴族婦女的正式服裝，一般由五至十二件單衣組合穿成，與所有禮儀性的服飾一樣，十二單衣是身分地位的象徵。

　　放眼世界服飾特色，日本平安朝的服飾堪稱是精緻無比，規矩也甚多無比，但是相信一定很多人有疑問：穿上十二件衣服會不會太誇張了？

　　其實十二單衣如果說是一種服裝，到不如說是一種穿著方式。一般人就字面解釋可能會解讀成穿十二件衣服，事實並非如此。所謂的十二單衣由內而外是由單衣、袿、打衣、上衣、裳、唐衣等組成。

　　「唐衣」指的是最外面那件華麗的短袿，上面繡滿吉祥的圖樣，而所謂的袿是十二單衣的重點之一。「袿」原名「五衣」，原本是要穿上五件綾、絹製成的薄衣，後來簡化為將五塊不同顏色的絲綢或是相同顏色的絲綢縫在袖口，讓袖口看起來像穿有五件

單衣一般即可。

　　穿著十二單衣時，下半身必須穿著長褲，長褲是穿著衣物的基本配備，不管是男裝女裝，都必須穿著。所以十二單衣的下半身是褲子而不是裙子，而褲子的顏色還隨婚配與否有所差別。

　　十二單衣的顏色與圖案搭配鮮豔，其中有很多學問，不可以隨便搭配，包括穿著時必須配合季節的花色圖樣，或是某些顏色不能在當時的場合使用等等，穿錯還會被恥笑。

　　十二單衣中的每一件組成衣物的刺繡、織法花樣及顏色規矩都不見相同，例如上衣是第一件外褂，在圖案選擇上，往往選擇

小而典雅的花草，花草要與季節相對，比如四月櫻花、五月菖蒲等等，但是圖案沒有硬性規定。

像「唐衣」是件短褂，依據身分地位能穿的人更少，顏色上限制多，而花樣就更多象徵富貴華麗的圖案，例如鳳凰、牡丹都很常見。

這裡只有簡單地舉兩個例子，真正的細節很繁複，真難以想像當時的貴族女官在夏天怎能穿上十二單衣？

雖然現在不常看到日本女性穿著十二單衣，但是如果看到模型娃娃的十二單衣也會因為她的豪華瞠目結舌。雖然穿著繁複，但是服飾層層疊疊的非常好看，就有人將十二單衣的美麗比喻為袖口中藏著彩霞一般光彩奪目。的確，在多種文化服飾比較之下，十二單衣不僅很有獨特的民族風味，還很有質感。只是穿上這麼多衣服，難免笨重，所以走起路來一定小心翼翼，任何一個動作都要經過深思熟慮，莽撞不得，自然展現女性所有的優雅於一身，果然是優雅高貴的貴族女官才能穿著的服飾，一般平民別說見過，對於這種華麗不便的衣著連想都很難想像得到。

所以，清子公主穿著十二單衣拜別父母是有道理的，因為等她下嫁平民之後，依照日本皇室傳統的規矩，清子歸為平民就必須揮別雍容華貴的十二單衣，因為這是屬於貴族的高貴服飾，是屬於命婦的地位象徵。

不知清子公主會不會留戀十二單衣？亦或是嫌它厚重？

## 94 高跟鞋來自法國宮廷嗎？

　　噹！噹！噹！十二點鐘已到！聽到鐘聲，緊張的仙蒂瑞拉從宮廷舞會中急急逃離，王子只能惆悵地撿起掉在樓梯間的一只玻璃鞋。如果要你想像這玻璃鞋的模樣，相信大家的腦海裡一定是浮現有「跟」的高跟鞋，跟王子跳舞穿平底鞋能看嗎？高跟鞋的魅力，從童話故事裡就開始舞動了。

　　你喜歡高跟鞋嗎？喜歡穿高跟鞋嗎？高跟鞋看起來優美，女性穿起來腿變長，小腹自動縮起，腰也挺直，使整個人的體態變得高挑也有精神，氣質加分。而且高跟鞋的花樣必須搭配衣服，

使衣著整體為之光鮮亮麗，有畫龍點睛的效果。所以不要小看腳上的高跟鞋，穿得適當，相信女性都同意：走起路來也有風。

這世界已經少不了高跟鞋了，可是有人知道高跟鞋是誰先穿的嗎？一般學者公認答案正是愛美的法國君王路易十四。

路易十四在位七十二年，不論他在權力擴張方面做了哪些影響後世的行為，光是他對於「美麗與藝術」的執著就深深影響後世，而且只要研究路易十四的生平，一定難以否決他對於愛美的所作所為直到今天仍具有影響力。例如，世界上第一所芭蕾舞學校是由他創立的，據說他本身就相當愛跳舞；由於路易十四喜愛美食，他在宮廷的飲食要求，都間接改變了整個世界的美食史。

十七世紀的法國人民將宮廷流行的事物，視為最高流行指導原則，所以只要君王喜愛什麼，官員馬上模仿，而宮廷中的官員一有個風吹草動，民間更是立刻群起仿效；而且往往發揮地有過之而無不及。

現代樣式的高跟鞋正是出自路易十四的想法，因為路易十四身材矮小，為了讓自己看起來更高大，他讓鞋匠製作出厚跟的高跟鞋來穿。

帝王穿著高跟鞋！一時，高跟鞋地位攀升高貴，路易十四的喜好影響整個宮廷。而當女性也穿上象徵貴族地位的高跟鞋之後，竟然發現體態因此修飾得更美，從此自然就難以捨棄這種鞋款，高跟鞋很快便傳遍各地。

路易十四喜歡陰柔的打扮，在設計自己的服飾上也是如此。而宮中的大臣為了討取君王的歡心，也模仿起路易十四的穿著，

所以當時宮廷最流行的裝扮是：頭戴撲了白粉的假髮，臉上也要撲著白粉，衣服鑲上金鏈條，衣袖口要滾上層層蕾絲，腳上穿著束襪和高跟鞋，而且還要噴上香水。

如此的形象在沒多久之後，幾乎成了女性的專利。而且在經濟時代高跟鞋的造型款式無數種，女人鞋櫃有幾十雙高跟鞋都不嫌多。只是高跟鞋雖然可以使女性的體態優美，雖然也是一種國際禮儀，但是穿著高跟鞋的後遺症實在不少。

例如，穿著太緊的高跟鞋會造成腳拇指外翻或拇囊腫，嚴重的情況還會影響關節、膝蓋，有時腳底因為長期施力不當，也有可能長出腳繭、雞眼。即使會痛，女性還是願意忍耐，高跟鞋到底是美，還是枷鎖呢？

其實高跟鞋的由來還有另外一類的說法。故事說是威尼斯商人娶了一位美麗的妻子，因為他擔心美麗的妻子不安於室，所以讓鞋匠設計一種跟很高又難穿的鞋子。因為跟很高，走起路來顯眼又不好走，商人認為這樣子妻子就不能亂跑，結果沒想到妻子剛穿上高跟鞋是很不舒服，但是適應了高度之後，行走自如，而且體態優美，使得這種鞋子意外地流行了起來。

兩種說法都有人認同，你相信哪種說法呢？高跟鞋是「增高論」，還是「懲罰論」呢？不管是哪一種，女人的高跟鞋就是要像灰姑娘的玻璃鞋一樣浪漫美麗。

## **95** 威尼斯為什麼舉辦面具嘉年華？

　　所謂的「嘉年華」，來自拉丁語的「Carnival」一字，是「與肉告別的意思」。早期翻譯成「謝肉祭」意喻貼切，指的就是齋戒月到來的前十天。齋戒月為期四十天，在這四十天裡不能喝酒吃肉，不能大聲吵雜日子，必須非常清淨，所以便將齋戒月的前十天訂為謝肉祭，在這十天時間裡可以盡情狂歡，以準備接下來節欲的日子。

　　不過，因為社會變遷，宗教教義的「謝肉」成分越來越少，取而代之的是「嘉年華」的瘋狂享樂。嘉年華的進行方式有各式各樣，但是為何威尼斯獨鍾「面具」？

　　這個原因據說跟歐洲的階級制度有很大的關係。中古時期君王為了統治國土，訂定嚴格的階級觀念，當時的平民不可以隨便參加聚會狂歡，只有貴族才有夜夜笙歌的自由。但在這個年度盛會慶典上，無論貴族或平民都可以參加，而且只要戴上面具，就可以興高采烈地參與盛會。因為面具下沒有美醜，沒有富貴貧賤，也沒有階級，一時之間人人追求快樂的權利平等。

　　許多文化都存在著「面具」的元素，不管是掛戴式的面具或是彩繪式的面具。例如北京京戲的演員會在臉上畫上臉譜塗滿油彩，又或是日本能劇中的演員會戴著「能面」這種專為能劇而設計的面具，還有非洲許多民族都會以木頭刻製面具。

　　面具是世界上普遍的文化，存在於每一個國家和民族中，當

人們戴上面具的時候，會因爲面具的形象而成爲跟平常不一樣的人，這是一種很微妙的心理。

　　人們戴上面具或多或少是爲了隱藏自己的本性，戴著面具也可能是爲了展現自己想要的形象，所以人們在各種不同的場合當中，如宗教活動、娛樂活動或其他民生活動等，都會戴上不同的面具，人們戴面具的歷史是相當悠久的。

　　聖馬可廣場是一座長方形的廣場，四周圍繞著歷史悠久的建築物，因而被稱爲「沒有屋頂的宮殿」。這裡也是威尼斯最大的廣場，在悠久的歷史中舉辦過無數種活動，嘉年華便在此處舉辦。

從十五世紀起，每年的面具「謝肉祭」便在廣場上盛大舉辦，十八世紀期間成爲流行的風潮。但是工業革命後，「謝肉祭」隨著威尼斯的經濟衰退一度沒落，在一九七九年恢復舉辦後，打著各種不同主題的「嘉年華面具節」的迷人創意型態而吸引大批人潮，規模年年成長，近幾年已然成爲國際盛事，慕名而來的遊客有如蜂擁。

　　嘉年華會期間，最熱鬧的區域在聖馬可廣場周圍，所有店家的櫥窗陳設各式各樣的華麗面具，街頭還停駐許多的面具彩繪藝術家，可以隨時爲遊客彩繪面具，或是在遊客臉上、身上進行人體彩繪，畫出絢麗動人的面具圖樣。除此之外，活動中還有數不盡的音樂會、遊行、舞會、以及派對等瘋狂活動，夜夜笙歌，而且黑暗的夜空也會不時有浪漫花火點綴，多采多姿。

　　威尼斯面具嘉年華每年在二月中旬舉辦，能夠跟一整座城的人一起帶上面具放縱聲色，能夠以無比的創意遊走其中，一定很有趣！想想剛剛擦肩而過的人到底是帶著黑眼罩的蝙蝠俠，還是化妝成哭臉的小丑？是妖豔的公主，還是可怕的半獸人？在這裡，面具成了神祕僞裝及追求奔放自由的好工具，不過，你知道面具在發明的最初還有一項很奇特的功用嗎？那就是遮陽！

## 96 義大利和法國為何成為名牌王國？

　　舉世聞名的名牌大多來自義大利與法國，來自法國的有LV、愛馬仕、嬌蘭、香奈兒、迪奧、YSL聖羅蘭等等；來自義大利的有Prada、Giorgio Armani、Versace、Gucci、Dolce & Gabbana等等，這些名牌商品不只是女人的夢想，連男人也喜愛。

　　即使現在科技發達，時尚名牌的皇冠還是只戴在米蘭跟巴黎的頂上。許多名牌帶來的周邊效益實在是讓其他國家羨慕不已，而大部分的國家無法經營出自己的品牌，只能做品牌的工廠，直嘆品牌這種光圈。這種認同，不是三言兩語就可以建立起的形象。

巴黎在十九世紀中葉脫胎換骨，拿破崙的侄兒拿破崙三世在一八五一年參與法國總統選舉獲勝後，建造了一個新巴黎。我們現在看到的放射線大道、公園、劇院、百貨公司便是在當時建設的，而且新城市兩次舉辦萬國博覽會，巴黎人的眼界更開展，也改變巴黎人的消費型態。

　　當時，拿破崙三世的太太歐仁妮首先影響了香水的味道，因為歐仁妮喜歡植物的香氣，所以許多調香師跟著逐花草之香，開發花草香水，其中，調香師嬌蘭便從此風潮中脫穎而出。

　　拿破崙三世與夫人歐仁妮結婚時，在設計禮服上沸沸騰騰，造成服裝設計的連鎖效應，宮廷貴族間一時以高級訂製的服飾作為暗較身分地位的方式。

　　名設計師沃斯便是當時代的設計師教主，他快速竄起，幾乎包辦了宮廷中女士的禮服設計。當時法國宮廷每年有四次大規模的官方舞會，邀請的客人高達四千多人，其中女貴賓的禮服一律交由沃斯訂製，在巔峰時期沃斯旗下有一千兩百多位員工。

　　在當時沃斯設計的衣服一般民眾絕對消費不起。舉例來說，英法富翁年收入是五千鎊，領薪階級年收入約五百鎊，而工人只有五十鎊，但一件高級訂製服裝要五百到五千鎊之間，真是驚人的名牌消費價位。

　　法國LV的創始人路易‧威登的故事也跟宮廷有關。起初他在宮廷作「打包行李」的工作，兩年之後，人脈俱足，後來開始製作高級皮件。因為手工精良，皮料特製，當時有一艘船（據說正是鐵達尼號）沉船以後，其中漂出的一個旅行箱竟未進水。眾人

一查之下發現正是路易威登製造的皮件，從而聲名大噪，直到今日依然風行。

即使後來法國宮廷瓦解，貴族消費力大大降低，但掌握經濟力的新族群，依舊喜好追逐著時尚流行。二十世紀初，除了原有的品牌，香奈兒在巴黎時尚界掀起一場流行炫風，迪奧、聖羅蘭等亦跟隨腳步崛起，讓巴黎一直掌握著時尚的舵。

義大利一直是商旅往來之地，藝術與人文也很講究，當地的名牌喬治・亞曼尼的設計廣受義大利人喜好，成了流行的指標。他創造出女性上班族服飾的新世紀，例如我們現在看到女性上班族專業的形象：簡單俐落的線條、中性的色彩，例如灰色西式套裝，搭上中性的領帶，改變女性嬌柔的刻版服飾，在六○年代以後中性的服飾就普遍被大眾接受。

前仆後繼的品牌故事太多，人類天性追求美好以及藝術，同時也渴望名利、渴望權力，所以綜而觀之，法國與義大利的各家名牌也因競爭，不斷激盪出更美好的作品，主導了近代社會的審美觀，使米蘭跟巴黎成為時尚圈的代名詞。這諸多品牌能夠穩住各方霸主的地位，正是消費者肯定它們品牌獨有的形象特色，以及講究的品質，設計師功不可沒，可是高高在上的價位，也讓人不敢小覷。

今日商業的戰場腹地越來越大，擴及世界，在品牌中心或是百貨公司都有設櫃，消費者可以非常方便就接觸到流行。只可惜仿冒品多不勝數，滿街都有微妙微肖的名牌商標，成了時尚海盜王國。

## 97 波西米亞風是什麼？

　　古銅五金、葡萄酒紅、森林綠、鮮橙橘的亮麗顏色，艷麗不規則的石頭、透明水晶、金屬、木條、皮革、麻繩等材質，層疊串繞或是如同波浪的流蘇，顯眼豪華的長鍊。獸皮花紋，精緻的刺繡，飄逸的長裙，墜珠的涼鞋，深沉的顏色，或是全身潔白，搭配大波浪的長捲髮，看來浪漫慵懶又充滿華麗感，招搖卻又帶著灑脫的味道，這就是現代最吸引人的波西米亞風。

　　波西米亞風在近年時尚界掀起一波波的流行潮，人們覺得只要掛上波西米亞風格的名號，穿戴波西米亞風格的服飾，感覺生活方式就像波西米亞人充滿頹廢美感。不過，對於波西米亞的定義，恐怕大部分人還弄不清楚。

　　德國鐵血名相俾斯麥曾說：「誰掌握波西米亞，誰就掌握了歐洲。」既然是這麼重要的地方，那波西米亞在哪呢？在歷史上，現在捷克共和國中的捷克地區和摩拉維亞地區，原先大部分的領土都是屬於歐洲的歷史地理區「波西米亞」。

　　約在西元九世紀，布拉格是波西米亞的中心地區。現在布拉格的「舊皇宮」是以往波西米亞國王的住所，裡面也有一些波西米亞王國時代的收藏品。不過，現在已經沒有波西米亞王國，只有捷克的波西米亞省。

　　一八九六年，普契尼改編穆傑的小說《波西米亞人的生活情景》，完成了歌劇《波西米亞人》，內容描寫生活在法國蒙馬特的

藝術家的生活情境，其中以兩對戀人爲故事主軸。這些藝術家特質是年輕調皮，放蕩不羈，玩世不恭；平時沒錢吃飯，有點錢便上酒館揮霍，遊戲人間。因爲這部歌劇的演出，「波西米亞人」在當時也被用來泛指法國巴黎許多過著貧困流浪生活，卻又反叛傳統社會的藝術家與文化人。

　　當然，現在被解讀延伸的意義跟當初的波西米亞人的生活絕對是不一樣的，從前的波西米亞國與周遭各國生活在戰爭之中，關心的是戰爭的勝利與否。例如在布拉格的餐廳中可以吃到被暱

稱爲「勝利之劍」的牛肋排，這是波西米亞人在喜慶宴會時，迎接英雄勝利歸來的美味，主人會準備帶有肋骨的牛肉讓英雄享用，因爲牛的肋骨形狀如同一把劍，意味著勝利。

波西米亞位於歐洲的中央，因爲人種不斷混雜融合，不但廣受歐亞不同地域文化的影響，而且在藝術、語言甚至文學上產生自成一格的美感。

今日，人們詮釋波西米亞人就是一種愛過著自由散漫、爲所欲爲、背離傳統，甚至是頹廢生活方式的人，給人感覺像是愛自由的吉普賽人或是嬉皮，尋找一種能夠行事不落傳統，又能夠回歸心靈的生活方式。

想一想，爲什麼人們喜歡波西米亞風格的裝扮？如果人的外在打扮透露著內在的訊息，人們想要追求些什麼呢？應該是另一種表情吧，不想要與社會脫序，可是又想像吉普賽人或是波西米亞人那樣漂浮，或是沉淪在大社會頂端或是底部，其實說穿了，只是想要追求快樂的感覺吧。想要逃離被規範束縛住的環境，想要在心中享受一下渡假、逃學的樂趣，說到底，只是想要很快樂、很自由、很波西米亞風。

## 98 牛仔褲是西部牛仔發明的嗎？

　　生活在現代社會的人誰沒穿過牛仔褲呢？不知道你是否曾經想過牛仔褲的由來？牛仔褲是西部牛仔發明的嗎？——不是。是西部牛仔先穿的嗎？——不是。既然都不是，那為什麼叫做牛仔褲呢！這就要先了解牛仔褲的故事了。

　　首先來介紹牛仔褲之父：李維‧史崔勞斯，製作出第一條牛仔褲的李維出生於德國巴伐利亞，十七歲時從德國移民至紐約。李維在一八五三年前往加州金礦區經營買賣，當時，加州淘金熱吸引著無數想要發財的淘金客前往，很快聚集了許多淘金鎮。他從紐約帶了一批可以製成帳棚和馬車棚頂的帆布，準備賣給淘金客。無意間，他與一位淘金客聊天時，對方說：「我們現在最需要的不是帳棚，而是耐穿的褲子，可以讓我們穿下礦坑裡，耐髒又不容易磨破的。」原來當時的礦工只有棉布做成的褲子可以穿，往往下礦坑幾次就又破又髒。

這次的聊天，啟發了李維的靈感。他請裁縫師將帶來的那批棕褐色帆布裁製成褲子，賣給淘金客，一試之下，果然耐穿，一傳十，十傳百，過沒多久，大家都知道「李維的褲子」的確不錯，而且李維還親自進入礦坑去體驗褲子的耐用度，也不斷地改良褲型。

不久，李維帶去的帆布布料用完後，改採用更柔軟的丹寧布，布料顏色以「靛藍」染料染成深藍色，口袋則為了可以裝載金塊，還做了加牢的「撞釘」設計，當時「撞釘」設計還申請了專利，這也就是為什麼很多牛仔褲的口袋都會出現銅撞釘的由來。

丹寧布很早之前就隨著哥倫布進入新大陸時出現在美洲，哥倫布所使用的船帆，就是用堅韌、實用的丹寧布布料製成，這種布料原產於法國尼米斯小鎮，法文取名「Serge De Nimes」，後來被簡稱為「DENIM」，也就是丹寧布。

「李維的褲子」的設計適合採礦、農夫下田以及駕馭馬車等等，十分耐磨。而這種耐磨褲以牛仔形象登上美國的電影、商業廣告後，豪邁不羈的牛仔形象迅速散布到世界各地，一下子「李維的褲子」也因此變成「牛仔褲」，逐漸成為許多國家同樣愛好的服飾。

一九二五年，英國的Lee推出世界上第一條「拉鏈牛仔褲」，牛仔褲有了接近現在款式的雛型。十年後，因為戰爭，牛仔褲成為軍需品被製為軍褲，在戰場上發揮了結實耐磨的優良特性。戰爭過後，牛仔褲百家崢嶸，在服飾流行史上屹立不搖，只有形式

的流行變換，牛仔褲從來沒有在市場上消失過，而且有名的品牌不少，像Levi's、Lee、IBS、Blue Way、Edwin、Wrangler、Lee Cooper等等，都各有特色。

而你想像得到最初女性穿的牛仔褲拉鏈都是在腰的側邊嗎？一九五○年代，Lee Cooper才改革式將女褲拉鍊改至現在中間的位置，大概更難想像的是：改拉鍊位置這件事還在社會上引起一陣迴響和爭議。

由於許多好萊塢明星、搖滾樂手都喜歡穿牛仔褲，年輕人也追求起牛仔褲被附加的流行形象，例如穿直筒牛仔褲搭配T恤和皮夾克至今還是流行。也有人把牛仔裝當作彰顯個性，表達自我的符號。現代的牛仔褲設計則是以休閒為主調。

牛仔褲的款式隨著時代不停地改變，由基本款變化出闊腳褲、小喇叭褲、大喇叭褲、AB褲、煙管褲、迷你熱褲、高腰設計、低腰設計等等，甚或在牛仔褲裂洞、毛邊、洗白、染色、縫羽毛、珠子、印花、繡花等等，一路變化流行造型，明星的威力功不可沒。

從李維的淘金褲至今，穿著牛仔褲的人其實已經不分年齡階級，小從嬰兒，甚至老爺爺、老奶奶人人都可以接受，而且款式眾多，可以修飾身材，也可以跟隨流行。美國人還將牛仔褲收入在博物館中展出，因為牛仔褲記錄下美國早期的淘金文化，而且也記錄著美國流行史的發展，更神奇的莫過於牛仔褲迅速征服世界的魅力。

## 99 印第安人為什麼在頭上戴羽毛？

　　人們對於北美印第安人最大的印象一定是綁在頭上的羽毛，還有三角形的帳棚。你知道印第安人在頭上戴羽毛除了裝飾，還有其他特別的目的嗎？

　　羽毛其實是很多民族都會使用的裝飾品，例如英國宮廷在十六世紀曾經流行過羽毛裝飾，像將羽毛縫製在衣服上，或是手持雪白羽毛的扇子，後期更出現以駝鳥毛裝飾的帽子。

　　波蘭舞蹈中的勇士舞在男生帽子旁會裝飾特別的孔雀羽毛，在波蘭孔雀羽毛的數量，代表社會地位的高低。如果只有一、兩根，則表示貧窮，羽毛多又漂亮，則表示家裡一定很有錢；有時羽毛少代表年輕未婚，而羽毛多則代表是已婚男子。

　　在中國清朝，孔雀羽毛被視為尊貴的象徵，像鳳凰一般的禽鳥，是皇家之鳥。清朝的官帽上有翎管，是用來插花翎的，所謂花翎就是孔雀羽毛，一般官員不可隨便亂插，而且也不能隨便不戴，花翎又分一眼、二眼、三眼，三眼最尊貴；所謂「眼」指的是孔雀翎上的眼狀的圓，一個圓圈就算做一眼，佩戴規矩很多，通常只有王公親貴或是樹有奇功才可以使用。

　　另外有一種藍翎是取自一種生性好鬥的鳥類羽毛，染成藍色，賜給較低階級的官員或是戰士使用，有功軍官佩戴好戰鳥羽寓意貼切。

　　而美國的原住民印第安人，使用羽毛除了裝飾以外，也是

「榮譽」與「勝利」的象徵。不同的印第安種族使用羽毛方式與種類略有不同，但是共同的是：羽毛都是印第安人尊敬的象徵。

印第安人作戰時有勇敢的表現，經過部落長老的認可，就可以得到一根珍貴的羽毛，插在自己特有的頭飾上，一般等級的榮譽可以在頭上插上一根老鷹或是鳥羽毛。如果是更大的貢獻，則可以插上一根稀有紅羽毛，強烈象徵印第安資深戰士的神聖榮譽，當然羽毛越多自然是族裡功勞越大的勇士。如果曾經看過印第安人的照片或圖像，會發現年輕的戰士頭上可能一根羽毛都沒有，或是稀疏的幾根；可是部落長老，因為經過多年的戰事，頭飾上插滿了羽毛，看起來很神氣。

至於為何會崇敬羽毛，主要是跟印第安人崇拜鷹鳥有關，印第安人中有許多跟鷹有關係的傳說，有說山鷹救了祖先，留了一

地羽毛，所以就將羽毛供奉起來，尊敬羽毛。

蘇族人的神話也說，很早以前，天神降下大洪水，洪水淹死所有的人，只有一個女子活下來。女子向天神祈禱後，天神彷彿聽到女人的呼喚，從天際飛來一隻大鷹，大鷹將爪子伸向女子示意，女子便抓著大鷹的巨爪一起飛上天空，到了一座黑山。大鷹停在地面後，變成一個男子，後來兩人結婚，生了小孩，就是蘇族人的祖先。所以蘇族人認為自己是大鷹的後代，自然也崇拜羽毛。

奧馬哈部落屬於崇拜鳥圖騰的部落，愛在額頭梳一條小辮，象徵鳥嘴；在頭後留一束頭髮，扮作鳥尾；兩耳還編出兩條辮子，彷若鳥翼。

印第安人喜歡因著各族的崇拜佩戴野獸身上的東西或是特別的植物，例如種子、獸牙、獸皮、獸骨或是整隻獸足等，戴著這些物品除了裝飾，便是顯示自己的英勇，是印第安人認為美麗的表現。印第安人也喜歡在身上穿洞，他們穿洞裝飾的方式，可能是將象徵勇敢的獸牙整支穿入耳洞或是鼻洞，所以可不是單純的配戴在身上而已。

印第安人原來是屬於大自然的民族，被移民者改變了生活方式，許多傳統幾近滅絕。現在再想看到這些傳統大概得去原住民保護區，或是參加美國政府為了保護這些日漸消失的文化，而定期舉辦大型的祭典。像是加拿大的羽毛節，美國蒙大拿的烏鴉族慶典、黑腳部族慶典等，都是一年一度的大活動，可在其中看到許多穿著傳統服飾、帶著羽毛的印第安人。

# **100** 苗族蠟染服飾的起源為何？

　　走入苗族人世界裡，傳統苗人身上多穿著各具特色的蠟染布，而且在屋子裡邊也會掛上美麗的蠟染布裝飾，因應觀光遊客日多，紀念品攤販也販賣著各式各樣的蠟染產品，包括服飾、手帕、桌巾、布幔等等。

　　苗族是中國古老的少數民族，人口約超過五百萬，歷史可以追溯到上古時代的苗蠻集團。苗族人民具有豐富多彩的民族文化和工藝，其中富有苗人特色的蠟染藝術更是首屈一指，圖樣質樸豪放，造型優美，變形大膽有趣，在國際間備受喜愛。

　　蠟染是利用蠟的防染特性，將圖案塗蠟，讓圖案不著色的染色法。熟悉蠟染的苗族姑娘染布時不需打樣，就可以染出複雜而且美麗的藝術圖樣，苗族染布的花紋一般都有其歷史意義，有的是代代相傳的花紋，有的是吉祥的圖案，也有些是改進傳統的創新。通常我們在苗族中見到的傳統深藍色布，正是經由「靛藍」所染，靛藍是一種植物，在人類染布的歷史中至少已經存在三千多年。

　　苗族很多地方都流行有《蠟染歌》，這是一首古老的詩歌，敘述蠟染的起源，歌的大意是：

　　有一個聰明美麗的苗族姑娘覺得自己所穿的藍衣裳色彩單調，希望能在裙子上染繪各種各樣的花卉圖案，可是一件一件手工繪製實在太麻煩，但一時又想不出好辦法。

一天，姑娘看著野外繽紛的花兒發楞，在發呆中睡著了，半夢半醒間有個穿著五彩羽衣的仙子把她帶到了一座奇異花園中，花園裡有無數的奇花異草，爭奇鬥艷，鳥語花香，蜂飛蝶舞。

　　姑娘著迷地看著百花，連蜜蜂爬滿她的衣裙也渾然不知，等她醒來一看，才發現自己剛剛在作夢。可是低頭一看，花叢中的蜜蜂真的在她的衣裙上停留，被趕飛後，裙子上留下許多斑斑點點的花蜜和蜂蠟，裙子被弄花了，姑娘決定把裙子拿到「靛藍」的染桶中重新染過。染完之後，再拿到沸水中把餘色漂清，當裙子從沸水中拿起來時，神奇的事情發生了：深藍色的衣裙上被蜂蠟沾過的地方留下了蜂蠟的痕跡！

　　姑娘心頭一動，立即找來蜂蠟，加熱融化後，用樹枝在白布上畫下花樣，然後再放到「靛藍」染液中去染色，最後再用沸水去除蜂蠟。果然有塗蜂蠟的地方，染液不會染上，因而出現了姑娘畫下的白花！染缸中染出了美麗的印花布，姑娘高興地唱起歌來，人們聽到了姑娘的歌聲，紛紛來到她家觀看她染出的花布，讚嘆不已。眾人回家後，照著姑娘教的方法，染出花樣繁多的花布。

　　如果發現蠟染的技巧就像流傳的故事一般，這還真是一個富有傳奇色彩的經過。不管是不是真的，蠟染技術在苗族民間早就流傳興盛。

　　現代因為科技發達，染布太容易了，五顏六色，想要什麼花樣都有，可是你知道為什麼苗族人的蠟染布都是藍底白花呢？

　　這是因為以靛藍染色只需要在普通的冷水中就可以進行；可是苗人用的其他植物染料，如紅花素和梔子黃素等，必須在高溫沸水中才能染上布匹，而這種溫度下用來畫花樣的蜂蠟已經融化，無法保持防止染色的花形，所以古代無法做出其他顏色的蠟染花布。

　　現今蠟染已經不是人們服飾的重心，而是一種藝術呈現。不過這種獨具特色的染色方式及花樣，不只苗族的人喜愛，許多喜歡民族風的人也很喜歡。

## 101 哪些民族愛在牙齒上作怪？

　　台灣原住民當中有幾個種族在古代都有所謂「鑿齒」的習俗，就是不論男女，都得把門牙和犬齒之間的左右兩顆副門牙，以外力強行拔除。

　　拔牙的方式有很多種，有的是直接用木片、鐵片或石頭直接打斷牙齒，有的是以棉線綁住齒根，棉線另一端綁住一根木頭，然後用力拉木頭而把牙齒強行扯斷。

　　例如布農族特有的方式，是以一根長約一尺的木棒，兩端繫上麻繩，做成類似弓弦的樣子，然後把線的中央纏繞在牙齒上，由旁人協助，把被拔齒者用力向後推倒，使牙齒應聲而斷。

　　強力拔除好牙的行為真是殘忍可怕，好端端的竟然硬生生將兩顆牙齒拔掉！而這卻是當時原住民的成年禮。

　　為什麼呢？──解釋有很多種，但是實在很難讓現代人接受，例如：耐得了這種疼痛的人才算成年，又或是那兩根牙齒難看，最特別的其中一種說法是「性誘惑」，因為缺了兩顆牙，舌頭在嘴裡晃呀晃的，是一種很吸引異性的誘惑。

　　在菲律賓矮黑人的成年男性，不需要拔牙，可是他們把上下顎的門牙、副門牙統統磨成犬齒狀尖牙，這種磨牙習俗的意義也在於暗示自身是十分勇敢的。看過牙醫的人應該都了解，上牙科看牙齒的過程實在是一種痛苦的折磨，真不知矮黑人如何忍耐磨牙的痛苦。

　　磨牙象徵勇敢，不過在矮黑人的社會當中，這個尖牙有其存在的意義，那就是利於潛水叉魚。因為矮黑人常在溪中潛水打魚，捕到魚又沒地方放，就把魚咬在口中，這種上下交錯的尖銳牙齒，最適合叼住魚兒，又不易破壞魚體。

　　無獨有偶，住在亞馬遜河流域的某支印第安人也會將前牙磨尖，他們是為了模仿可怕的食人魚，尖尖的牙齒讓他們覺得自己像食人魚一樣凶猛。除了拔牙、磨牙，台灣原住民中的排灣族，以植物汁液染黑牙齒；越南盧族女人也有把牙齒塗黑的傳統。

以前日本的已婚婦女為了襯托自己皮膚很白，把牙齒塗黑，也象徵對婚姻忠貞不渝。日本女孩子也有在成年禮時用一種黑色的墨汁將牙齒塗黑，這種墨汁是由生銹的鐵釘加上醋、糖和酒等東西製成，日本人認為這種墨汁可以驅邪，還可以防止蛀牙。

位在泰北的阿卡族，阿卡族人數約有十多萬人，這個民族的人成年後，會用植物將牙齒塗黑，他們認為塗得黑黑的牙齒才是美麗的象徵。

中國也有許多種族愛在牙齒上面作文章，講究的程度非三言兩語所能解釋。基本上，雲南的布朗族、傣族、基諾族均以牙齒塗黑為美，牙齒染黑後必須上漆，越黑越美，而且染黑牙齒的動作須由男女青年互相請自己愛慕的異性幫忙完成，染牙的同時也代表成年了，如果沒有染牙，祖靈會對這個人生氣。

如果黑色還不希奇，雲南還有一個哈尼族，他們滿十五歲時就將牙齒染成紅色。

怪異的牙齒習俗主要集中在雲南一帶的少數民族，分有塗牙、漆牙、包牙等方式。包牙就是用金片或銀片將牙齒包覆住，早在宋朝時，現今雲南德昂族生活的附近區域就被稱為「金齒國」，當年馬可波羅遊歷此地時，還曾經在遊記中記錄下此地包金牙的怪俗。

現代人大概很難想像，許多喜歡將牙齒染黑的民族，多半認為「白牙齒是豬才有的」、「滿口白牙像馬齒一樣難看」。看了這麼多民族為了「美」感，對牙齒施展的怪招，不禁要嘆：誰說太陽底下沒有新鮮事呢？

國家圖書館出版品預行編目資料

對民族文化的101個問題／謝怡慧　編著.
—— 初版.——臺中市　：好讀, 2006[民95]
面：　公分，——（101問；03）

ISBN 957-455-954-8（平裝）

538.8022　　　　　　　　　　94021466

101問 03

# 對民族文化的101個問題

編　　著／謝怡慧
繪　　圖／柯麗卿
總 編 輯／鄧茵茵
文字編輯／林碧瑩
美術編輯／李靜姿
發 行 所／好讀出版有限公司
台中市407西屯區何厝里19鄰大有街13號
TEL:04-23157795　FAX:04-23144188
http://howdo.morningstar.com.tw
e-mail:howdo@morningstar.com.tw
法律顧問／甘龍強律師
印製／知文企業（股）公司 TEL:04-23581803
初版／西元2006年1月15日


總經銷／知己圖書股份有限公司
http://www.morningstar.com.tw
e-mail:service@morningstar.com.tw
郵政劃撥：15060393
台北公司：台北市106羅斯福路二段95號4樓之3
TEL:02-23672044　FAX:02-23635741
台中公司：台中市407工業區30路1號
TEL:04-23595819　FAX:04-23597123

定價：240元

請填妥後對折裝訂，直接投郵即可，免貼郵票。

廣告回函
臺灣中區郵政管理局
登記證第3877號
免貼郵票

# 好讀出版社　編輯部收

407 台中市西屯區何厝里大有街13號1樓
電話：04-23157795　傳眞：04-23144188
E-mail:howdo@morningstar.com.tw

新讀書主義─輕鬆好讀，品味經典

請沿虛線摺下裝訂，謝謝！

# 更方便的購書方式：

1.網站：http://www.morningstar.com.tw
2.郵政劃撥　帳號：15060393　戶名：知己圖書股份有限公司
　請於通信欄中註明欲購買之書名及數量
3.電話訂購：如爲大量團購可直接撥客服專線洽詢
　　◎如需詳細書目可上網查詢或來電索取
　　◎客服專線：04-23595819#232　傳眞：04-23597123
　　◎客戶信箱：service@morningstar.com.tw

書名：對民族文化的101個問題

1. 姓名：＿＿＿＿＿＿　□♀　□♂　出生：＿＿年　＿＿月　＿＿日
2. 我的專線：（H）＿＿＿＿＿＿＿　（O）＿＿＿＿＿＿＿
　　　　　　FAX ＿＿＿＿＿＿＿　E-mail ＿＿＿＿＿＿＿
3. 住址：□□□＿＿＿＿＿＿＿＿＿＿＿＿＿＿＿＿
4. 職業：
　□學生　□資訊業　□製造業　□服務業　□金融業　□老師
　□SOHO族　□自由業　□家庭主婦　□文化傳播業　□其他＿＿＿
5. 何處發現這本書：
　□書局　□報章雜誌　□廣播　□書展　□朋友介紹　□其他＿＿＿
6. 我喜歡它的：
　□內容　□封面　□題材　□價格　□其他＿＿＿＿＿＿＿＿
7. 我的閱讀嗜好：
　□哲學　□心理學　□宗教　□自然生態　□流行趨勢　□醫療保健
　□財經管理　□史地　□傳記　□文學　□散文　□小說　□原住民
　□童書　□休閒旅遊　□其他
8. 我怎麼愛上這一本書：

＿＿＿＿＿＿＿＿＿＿＿＿＿＿＿＿＿＿＿＿＿＿＿＿＿＿
＿＿＿＿＿＿＿＿＿＿＿＿＿＿＿＿＿＿＿＿＿＿＿＿＿＿
＿＿＿＿＿＿＿＿＿＿＿＿＿＿＿＿＿＿＿＿＿＿＿＿＿＿

★寄回本回函卡，

將可收到晨星出版集團最新書訊（電子報）及相關優惠活動訊息。

『輕鬆好讀，智慧經典』

有各位的支持，我們才能走出這條偉大的道路。

好讀出版有限公司編輯部　謝謝您！